教室で生かす
カウンセリング・アプローチ

Tomoko Kuwabara
桑原知子

日本評論社

はじめに

みなさんこんにちは。お久しぶりです。前回お話をして、それが本の形で出たのが一九九九年ですので、一六年の月日が経ちました。その間、教育現場ではどんな変化があったでしょうか。先生たちの負担は相変わらず重く、子どもたちが出すＳＯＳのサインもさらに多様化しているように思います。残念ながら、大人たちがのぞむような「教室の平和」が達成されているとは言い難く、いじめ問題にあらわれているように、「なんとかしなくては……」という焦りがみえているのが現状ではないでしょうか。

でも、学校では子どもたちの笑い声がひびき、元気に走り回るすがたが見られます。そのような児童・生徒に対して、誠心誠意、熱意をもってかかわっておられる先生が、数限りなくおられると思います。教育現場は「病んでいる」とか、まして「死んでいる」わけではなく、いまだ変化し成長しているのだと私は思っています。

今回は、学校にかかわるさまざまな人たちへ向けて、少しでもエネルギーが満ちるよう、なんらかのお役に立てたらと思って、もう一度お話をさせていただくことにしました。

今回初めて私の話をきくという方もいらっしゃると思いますので、かんたんに自己紹介をしながら、教育現場でのカウンセリング・アプローチについて、私がどのように考えているかということについて、まずお話をさせていただきます。

私は、京都大学大学院教育学研究科にて、臨床心理学を専攻する学生さんたちに指導をおこない、心理療法・カウンセリングについての研究をしている臨床心理士です。日常的には、個人面接を中心とする心理療法をおこなっていますが、学校現場で先生方とかかわる機会もとても多く、教育現場でのカウンセリング・アプローチとはどのようなものか、どうすれば先生方や児童・生徒がもっといきいきと元気になれるのかを考えております。

私と教育現場との最初の出会いは、前回の講座でお話ししましたように、一九九五年からはじまった学校臨床心理士（以下、スクールカウンセラー）の第一陣として、阪神・淡路大震災に遭った兵庫県の小学校に赴任したときでした。奇しくも、今回は東日本大震災がおこったあとで、このお話をさせていただくことになっています。

この一六年の間に、大きく変化したこともあるように思います。スクールカウンセラーは、その数が飛躍的に増え、数多くの学校に配置されることになりました。震災をはじめとした緊急支援に関する態勢も、それまでのノウハウを取り入れて、大きく改善されています。不登校をはじめとした、子どもたちが出すこころの表現に対するとらえ方や理解も、以前とはずいぶん違っているようにも思います。

しかしながら、まったく変わっていないと思えるのは、こころの問題に対して教育現場でどのように対応すればいいのか、その課題の「難しさ」ではないでしょうか。たとえば、不登校やいじめの問題に対して、「このようにすればよい」という単純明快な解決法がなく、結果として、単純なマニュアルが作れないということは、何年経っても変化していないように思います。スクールカウンセラーを増やし、対策をとれば、このような「問題」が解決し、学校がすっきりと「平和」になると思っていた人も多かったのですが、いくらスクールカウンセラーが配置されても、なんの変化もないではないか、スクールカウンセラーが配置されることによって、自分たちがやるべき「仕事」をスクールカウンセラーに丸投げしてしまい、教師が果たすべきカウンセリング・アプローチは、むしろ質が落ちてしまったという批判もきかれるようになりました。

こうした、教育現場での「うまくいかなさ」は、教師あるいはスクールカウンセラーの能力のなさ、あるいはやり方のまずさに起因するのでしょうか。私は、少し違うと思っています。マニュアルが作れず、すっきりとした解決ができないのは、それはまさに児童・生徒が生きた人間だからであり、学校もまた、そうした子どもたちの集まりであるがゆえに、生きているからではないかと私は思っています。ある意味、完全に解決できず、コントロール可

能なものでないことこそが、学校が生命性をもっていることを示しているのだと私は考えています

ただ、そうはいっても、教育現場での日常の取り組みのなかで、動きまわる子ども、陰湿ないじめの発生、言うことをきかず反社会的行動に走る生徒たち、いくら言っても学校に来ない不登校の子どもたちに接する教師や保護者、そしてスクールカウンセラーにとって、その苦悩は限りなく、とてもつらい毎日を過ごしておられるというのも現実だと思います。私は、こうした現実のつらさやうまくいかなさを直視しつつ、しかしこうした子どもの表現のなかにみられる生命性にも、やはり目を向けたいと考えているのです。それは、私が専門としている心理臨床のなかで、症状を出し、不適応に苦しんでおられる方たち（クライエントさん）に対して私が基本的に取っている態度と共通しています。症状からくる苦しみや不適応状態を「解決」し、少しでも楽になることを目指すことに間違いはないのですが、しかし、いくらつらくても、症状もまた自分の一部であり、それを「たたきつぶす」ような解決をしたくはないのです。

したがって、今回のお話でも（前回と同様）いわゆるマニュアルをお話しできるわけではありませんが、ともに考えながら、実際に役に立つような、具体的なお話をしたいと考えています。

さて、教育現場でのカウンセリング・アプローチは、なぜ「難しい」のでしょうか。このことについてまず考えてみたいと思います。

教室で生かす

カウンセリング・アプローチ

もくじ

第2部　現場でどのように対応するのか　39

第1部

教育現場での
カウンセリング

1　教育現場でのカウンセリング

学校の先生方のなかには、不登校の児童・生徒や特別な支援を要する子どもたちに接することになって、なんとかしなくちゃいけないと思って、カウンセリングのお勉強をされている方もいらっしゃると思います。けれど、本を読まれても、現場ではあまり役に立たないとお思いの方も多いのではないでしょうか。と言いますのも、たとえば「五〇分間会いなさい」と言われても、そんな時間が取れないんですね。それに、「一対一で会う」と言いましても、他の子も入ってくるし、カウンセリングの本に書いてあるやり方を真似してもうまくいかないということが多々あります。

それから何よりも、学校の先生というのは評価をする人なんですね。だから、成績をつけますので、子どもにいくら「こころを開きなさい」と言っても、開かないのが当たり前です。先生というのは、カウンセラーに近いと思っていらっしゃる方が多いと思いますけれども、私の感じでは、学校の先生とカウンセラーというのはむしろちょっと遠いところにあるもので、カウンセラーにもっと近いのは、たとえばお風呂屋さん（銭湯）の番台のおっちゃんのように思います（笑）。番台に男の人が座っていても、女の人が全然平気で服が脱げるというのは、不思議な存在ですよね。カウンセラーというのは、どちらかと言えば、そちらに近い存在だからこそ、初めて自分のこころを出せるという部分があります。

だから、学校の先生方で「なかなかうまくいかない」と思っていらっしゃる方も多いと思うんですけれども、それも仕方ないことなんです。「家庭訪問をすると、必ず子どもが拒否する。私の何が悪いんでしょうか」とよく聞かれるんですが、先生というものはどんな方でも「学校」を背負っていますので、子どもは「学校」を見て、拒否反応を示すということになります。だから、うまくいかないと思っていらっしゃる方に申し上げたいのは、まずは、**教師の立場でカウンセリング・アプローチをするのはたいへん**なんだということです。

私自身は、臨床心理学が専門でカウンセリングというようなことをずっとやってきて、勉強もしたわけですけれども、初めて学校現場に入ったときに、私が今まで学んできたようなカウンセリングを学校現場でやるというのは非常に難しいということを感じました。

たとえば、カウンセリングでは「五〇分間会う」とか「相談室と違う場所や別のときに会ってはいけません」とか「契約をしなさい」とか、そういうことを多く学んできたわけです。けれど、教育現場のなかでそんなことが許されるわけでもありませんし、また対象になる子どもさんは一人ではないのですから、多くの子どもたちのなかでどうやってカウンセリングをやっていったらいいのか、混乱することがとても多かったのです。つまり、カウンセリングを教育現場に「そのまま」あてはめることはできないように思うのです。

カウンセリングの専門性

一方、私たちカウンセリングを専門にやっている者たちも、自分たちのやっているカウンセリングというのはいったいどういうものなのか、よくわかっていない部分もあるように思います。いったい何をやれば効くのかとか、どうすればいいのかとか、必ずしも明確にわかってやっているわけではありません。そのため、カウンセリングの「専門性」とは何か、教育現場で何が応用でき、何ができないのか、どのような違いがあるのか、そういうことがはっきりと言えないように思います。そこで、わたしは、「カウンセリングで何がおこっているのか」をちゃんと調べてみようという研究をしてきました。

認知心理学の先生とか、社会心理学の先生の協力も得て、学校の先生方が生徒の悩みを聞かれるときと、カウンセラーが話を聞くときと、おこっていることに何か違いがあるのかというのを調べてみたのです。すると、ずいぶん違っておりました。

私もびっくりしたのですけれども、たとえば、カウンセラーは相談に来られた方（クライエント）と話をしますときに、微妙な身体の同調行動というのをしています。すごくこまやかな共鳴をしているのです。そういうことを、カウンセリングの専門家といわれる人がやっているということを、このごろやっと実証できるようになってきました。なぜそれができるのかというのは、まだまだわからないところなのですけれども、やはりカウンセリングをやるということについては、かなり長期間の訓練がいるのだということもわかってまいりました。だから私は、カウンセリングというのは、非常に専門性の高いものだというふうに思っています（くわしくは、拙著『カウンセリングで何かおこっているのか』日本評論社、二〇一〇年を参照してください）。

そういう意味で言えば、学校の先生方が、教師というお仕事をしながらカウンセリングをするというのはたいへんに難しいことですし、私は先生方に、（専門的な）「カウンセラー」になってほしいと思っているわけではありません。先生方にはむしろ、教育の専門家として生きていただきたいというふうに願っています。

では、こころの問題はスクールカウンセラーにまかせておけばいいのでしょうか。学校現場では、「難しい」などと言っているあいだにも、次々と子どもたちが問題行動をおこします。

カウンセリング専門の相談機関というのは、そこに「行きます」という子だけを相手にしているわけですけど、学校現場では、問題行動をおこしている子どもに「接しない」というわけにはいかないのです。不登校になっている子だとか、突然に他児を叩いてけがをさせる子だとか、部屋を出ていってしまう子とか、いじめてしまう子とか、いろんな子がいます。そんな現場の中にいて、「私はわかりません」と言っているわけにもいかず、「そういう子どもたちに接するのにいったいどうしたらいいんや」という気持ちになられる先生が多いのではないかなと思うのです。

それで、私がずっと考え続けているのは、いわゆる専門のカウンセリングではなくて、**「教師の立場でできるカウンセリング・アプローチ」というものはどういうものか**ということなのです。これは、専門的な、普通のカウンセリングとは、まったくと言っていいほど違うと考えたほうがいいかもしれません。

とくに「技法」という面ではかなり違います。たとえば、「五〇分間会いなさい」とか。さらに言えば、「よく傾聴しなさい」というふうにカウンセリングでは教えられていると思うのですけれど、傾聴というのもちょっと難しいのではないかな、と最近は思うようになりました。

先生方は、最初はいっしょうけんめいに聞かはるのです。「そうかそうか、ふんふん」と言って。けれども、そうしていても子どもがちっとも変わりませんし、言うことも全然変化しませんので、そうなりますと先生のほうが何か言い始められます。

「あのな、ぼくもこういうことがあったんや。そやけどな、こうして頑張ったんやで」というふうに。それで子どもが「はい」とか言って聞いていて、だんだん後半になりますと、先生が「なっ、わかったやろ。ほんま、やっていけそうやな。ふんふん」とか言って、子どものほうは「はい」とか言って。要するに、子どものほうがカウンセラーになっているのですね（笑）。先生方はしっかり話して、すっきりしてお帰りになられるというパターンがとても多い（笑）。

だいたい黙って聞いておられる時間が二〇分ぐらいです。二〇分ぐらいを境目にそれが変わるというのが調査でわかってきましたので、ずっと傾聴するということも非常に難しいというふうに思います。

どうして難しいかというと、なぜ傾聴しなければならないのかというところをよく理解していないと、「ともかく聴かなあかんな」と思っても、人間、聴けるものではないからです。何かいらっとしてきますし、やっぱり変化がないと何かをしたくなるというのが人間の常です。そういう意味では、「技法」というのは、まああまり役に立たないと考えてもらってもいいかなというふうに思います。

それならカウンセリングは教育現場でなんの役にも立たないのかというと、そうではありません。カウンセリングというものがもっている人間観とか、世界観といわれるような、人やものに対する見方・考え方、あるいはこころのもちようと言ってもいいのですけれど、そういうふうなものを私はカウンセリングの「エッセンス」と呼んでおります。それであれば、応用可能です。

たいていの方は、応用という場合、もともとの基本のやり方があるとすると、「そこまではできないけど、だいたいそれに似たような感じでやることだ」と思っていらっしゃると思うんです。普通は、応用する場合、基本のとおりにできなくても、それに近い形でやればなんとかなるということが多いものですが、こころを扱うときは、それは非常に危険です。たとえば、脳の手術をするときに、「まあ普通はメスを使うみたいだけど、包丁でやろうか」なんて言う人はいませんよね。つまり、そういう高度にデリケートなものに対しては、「薄めて使う」ということができないんです。

逆に、じゃあ何が使えるのかと言いますと、**「エッセンス」しか使えない**というふうに私は考えています。だから、薄めるのではなく、逆に、もっと凝縮したものというか。カウンセリングの本質だけしか使えないと私は思っています。だから、たとえば「五〇分間会う」だとか、「一対一で会う」だとかいう「技法」は、教育現場では使えないんですよね。

ですから、今日はカウンセリングのエッセンスの話をしようと思っています。しかし、カウンセリングのエッセンスというのは、「これだ！」と言うことがとても難しいもので、カウンセラー一人ひとりがすべて異なった考えをもっていると思います。そこでここでは、「私」の「今」考えておりますことをお話しすることになります。

それから今日は、みなさんが持って帰れるような、それを考えていただくとアプローチが変わるのではないかなということをお話ししたいというふうに思っています。私は子どもに対する見方・考え方みたいなものを変えますと、カウンセラーになるのではなくて、**もっとよい教師になれる**というふうに考えています。つまり、教育という、「教える」と「育てる」という言葉で成り立つものに対して、「教える」だけではなくて、「育てる」ということにも力を発揮できるような教師になれると思っているのです。

日々子どもに接しておられるなかで、とくに難しい子どもさんに接していると、自分はいったい何をしているのか、と考え込まれることが多いと思います。つまり、教師としてちゃんとやらなあかんと思うと「どうも厳しすぎるんとちゃうかな」と思われるし、逆に個々の生徒にこまやかに接しようとすると、今度は、教師としてちゃんとやってないというふうに感じられる方がとても多いと思うんです。

たしかに両立は難しくて、実は「教える」ということと、「育てる」ということは、往々にして対立するところをもっているように思います。けれども、全然折り合わないかというとそうでもなくて、底にあるもの、ベースの部分ではつながることができますので、そのへんのことをお話ししたいというふうに考えています。

今日は、まずカウンセリングのエッセンスについてお話しして、それから次に、学校現場における困難なことがらに対してどのように対応すればいいか、具体的なことをお話ししたいというふうに思っています。

エッセンスをお話しするのは、とても意味があることだと私自身は感じておりますが、最近になって思いますのは、それがなかなか現場で生かせないように思うのです。エッセンスというのは、実は、ごく当たり前のことなのですが、それを実際に、現場で、具体的な事例でどう生かすのかは、なかなか難しいことなので、そういうことも含めて今日はお話ししたいというふうに思っています。

2　ひとつではない答え

カウンセリングのエッセンス・その1

カウンセリングのエッセンスのお話をするために、まずは、ある問題を出します。これはある私立小学校の入試問題だと言われている問題です。実際にその問題が出ているかどうかわかりませんが、小学校の入試で出そうだということですから、幼稚園の子が答えます。これ、五問ありますので、少なくともみなさんに三問は答えていただきたいと思います。これができなければ小学校に入れないわけです（笑）。

ではいきますよ。これは、「四角いところに当てはまるものを入れなさい」という問題です。

北　□　四　九

はい、これ、わかる方、お手をお上げください。

はい、どうぞ。

「本！」

そうですね。『本』です。よくできましたね。

学校現場ではいつもこういうことがおきていまして、みんなのなかでできた人はとっても褒められます。そして答えを言われて、なるほどとわかる方はまだしも、これを言われても「なんで？」と思っている人も、知っているという顔をしていなければなりません（笑）。自分から「わからない」とは言えない。だって、わかっている子もいるし、周りも「ははあ」とか言っていたら、わざわざ聞けないんですよね。

これは、「北」海道、「本」州、「四」国、「九」州だから、「本」です（あ〜）。

次はこれです。

親　人　中　□　小

どうですか。どうぞ。

「薬」

はい、結構ですね。

答えを聞いてもまだわからない人もいます。だんだんと暗い穴の中に落ちていくような気分の方がいると思うんですが（笑）、これは手の指です。「親」指、「人」指し指、「中」指、「薬」指、「小」指です（あ〜）。

これで五問中二問終わりましたので、あと全部正解して、せめて六〇点は取っていただかないとね（笑）。

で、ここで全然わからない人は、やはり親も、これではいけないと思って、子どもを塾にやらせます。塾は何をするところかというと、「方法」を教えてくれるところです。で、どういうふうに教えられるかというと、たとえば「わからないときは一度数を数えてみましょう」とかいうふうに言われるんですね。この問題は五つじゃないですか。だから指かなと。次は七つあります。すごい大きなヒントですよ。

S　M　□　W　T　F　S

七つあるもの。一週間ですね。「S」unday、「M」onday、「T」uesday、「W」ednesday、「T」hursday、「F」riday、「S」aturdayですから、これは「T」です。次は一二あります。

大　小　大　小　大　小　大　□　小　大　小　大

そうすると、今までわからなかった人も、塾に行けばちょっと成績がよくなりますよね。私は別に塾の宣伝をしているわけではないのですが、教育の今の仕組みがよくあらわれていると思うんです。できた子は褒められる、できなかった子は落ち込む、言われてもわからない子はますますわからなくなっていく。そして、塾に行った子はなんとかついていけるけれども、それは方法を学んでいるのであって、その「方法」がみつからなければ、やはりわからない。

これは一二ヶ月ですから、大の月、小の月です。一、二、三、四、五、六、七、八……だからこれは「大」が答えです。

さて、こういう問題は、もうひとつ大きなポイントがありまして、「答えはひとつだけだ」ということです。他は×、どんなことを書いても×です。答えはひとつだけです。

五問目は、これはカエルの子どもの絵だと思ってくださいね。風船を持っているところなんですが、問題は「間違っているものを選びなさい」というものです。

ところで、実は私は、この最後の問題を申し上げたくて、この例をお出ししたんですが、この答えがわかったという方は、多分いらっしゃらないと思います。

実はこの問題の「答え」として書いてあったのは、「すべて間違っている」というものです（ざわざわ）。

「カエルに子どもは存在しないから、これらの絵はすべて間違っている」ということでした。カエルの子どもはオタマジャクシだからです。だから「カエルの子どもは存在しない」と（はぁ～）。私は『カエルの子どもはカエル』と言うやん！」と思って、腹が立ったんですけれども、カエルの子どもは存在しないというのは、「答えがひとつしかない」という考え方の典型例だと思うんですよね。

教育というのは「教」と「育」の二つのものからでき上がっていまして、「教える」ということと「育てる」ということの二つの側面を持っていますが、「教える」ということは「ひとつの答え」というものを要求するものが多いのです。ただ、人生というものを考えたときに、答えがひとつなんていうことは逆にほとんどないんじゃないかなという気がするんです（たとえば、「どんな人生が一番幸せか」とか）。

だから、答えがひとつの問いというのはあまりないのに、学校現場で習うのはほとんどこういう「答えがひとつ」のものが多い。このことを最初にちょっと知っていただきたくて、この例を上げました。

ただ、誤解のないように申し上げておきますが、「ひとつの答え」を知っているということも、とても大切なことです。このことによって、人は共通理解をもつことができますし、学問や科学の進歩も、これを土台にしています。しかし、それが過剰になり、一面的になるとどうなるかを、ちょっと考えてみたいと思うのです。

起き上がる力

答えはひとつしかない、間違ったら×だという教育をガンガンに受けてきますとどうなるかと言いますと、ひとつは、こけたり、失敗したりするということを非常に恐れるようになります。こけるとたいへんなことになってしまいますから、それを避けていこうとする。最近は、お母さん方もそういう育てられ方をすることが多くて、子育ても「マニュアル」が欲しいと言われます。「正しい」育て方というのがどこかにあるんだとお思いの方が多くて、間違ったことをしたらもうアカンという感じになるんですね。つまり、子どもたちが歩いていくときに、その前にある石を全部きれいに退けないとアカンという感じの育て方をされる方がとっても多いと思うんですが。私は、こけてもかまわない、こけても、その子が起き上がれるような力をつけてやればいいんじゃないかと思うんです。

そういう発想、つまり、間違っても、こけても、逆にそこから得るものがたくさんありますので、そういった発想をするということが今の時代のなかではすごく大事ではないかなというふうに思っています。

二つの自信

それから、答えがひとつしかないとなってきますと、数字ではっきり出ますので、「正しい」答えを選んでいくことによって、一〇〇点が並んでいきます。そして、「一〇〇点」がつくと、自信を持ちます。だから偏差値の高い学校に通れば自信を持ちますよね。だから、たとえば京大なんかに来た人は、みんな自信を持っているだろうと思われがちですが、最近、京大の学生さんを見ていて思いますのは、本当に自信がないんです。それはどうしてかと言いますと、よく見ていると、「絶対的な自信」がないように思えます。

自信には、二つの種類があると言われています。ひとつは「相対的な自信」。相対的な自信というのは、人と比較をして、自分のほうが上だと思うことによって得られる自信です。人よりも点数が三点上だったとか、五点上だった、あるいはスポーツで人よりもできた、人よりも勝った、そういうことで得られる自信なんですね。

ところが、こういう自信はすぐ消えてしまいます。たとえばスポーツの世界でも、日本で一位になったって世界に行けば、一位ではなくなります。上には上がいますからね。世界に行って一位になったとしても、次にまた抜かされたりするわけです。だから、こういう自信というのは永遠にできあがらない。ずっとこれまで優等生だったなんていう子も、ある時点でそれがポキッと折られてしまう。そうしたら、もう自信がないわけです。人よりも上だということで自分の自信を持っていた人は、それがなくなって自分が劣等生だと感じた瞬間には、もう自分はダメだというふうな感じがしてしまうんです。

もうひとつの自信は「絶対的自信」と言われるものです。これはどういうものかと言いますと、「人がなんと言おうと私は私です」と思って、たとえ間違っていようが、「自分には自信がある」という自信です。ただし、これはなんの根拠もない自信です。今の若い人たちには、この「絶対的自信」というのが少ないように思えるのです。

こういう「絶対的自信」というのはどうやったらできるのか。イタリアの娘さんたちは、お父さんにずっと褒められて育てられると聞いたことがあります。「お前はかわいい！ 世界で一番かわいい！」と言って、やんややんやと小さいときから言われて育つそうです。そうすると、娘のほうもいつのまにか自分をかわいいと思って育つんです。これは客観的に見れば間違っているかもしれません。けれども自分のなかで本当に「そうだ」というふうに思えたら、それは大きな自信になって生きていけます。

実は、私たちは、「根拠のない間違った自信」を持っていないと、この世の中を生きていくことが非常に難しいんです。

みなさん方は、実はすでに、こういう自信、あるいはその基になる信頼をお持ちの方々のはずです。どうしてかというと、みなさん安心してこの場にお座りになっていらっしゃるからです。後ろの席の人がいきなり自分にナイフで切りつけてくるとは誰も思っていらっしゃいませんよね。振り向いておられますが……（笑）。そんなことはおこらないなんてなんの確証もないのに。みなさんはどこかでそうやって信じて生きておられるわけです。それがなかったら逆にこの世の中生きていけないんです。

「良い魔法使い」と「悪い魔法使い」

この「根拠のない信頼」、これはどうやってできるのか。私はそれにかかわるものを「良い魔法使い」と呼んでいます。赤ちゃんがこの世に生まれてきて、ほぼ一歳までの時期を中心として、母親（あるいは養育者）とのかかわりのなかで、「この世の中はよいものかもしれない」というふうに思い込んだと思うんです。

と言いますのも、赤ちゃんのときにオギャアオギャアと泣いたら、なぜか知らないけど、パッとお母さんがおむつを替えてくれるなり、おっぱいをくれます。「躾だから」と言って「待て」と言うお母さんはなかなかいないのです（笑）。赤ちゃんが泣くと、お母さんの胸の温度がパッと上がるんですね。それで母乳が出やすくなるんです。本当に見事にでき上がっていますよね。そうすると、赤ちゃんのほうも「うん、この世の中もなかなか悪くないな」というふうに騙されるわけです。実際の現実は厳しいのに、そう思ってくるわけです。私はそれを「良い魔法使い」と呼んでいます。そういう「良い魔法使い」の魔法がかかっているときには、人はどこか安心して、「まあなんとかなるだろう」と思って生きられるんですね。

ところが、最近は、どうも世の中での「良い魔法使い」の魔法がちょっと弱くなっている部分があるのかなと思います。たとえば無差別殺人、まさに全然知らない人がいきなり殺してきたりしますよね。地震もそうです。こういった出来事は、私たちが持っている「基本的信頼感」といいますか、そういう、底にある部分をゆり動かすんですよね。

実は、「良い魔法使い」というのは嘘を言っています。「だいじょうぶ、だいじょうぶ」と。一方、「悪い魔法使い」のほうは「本当のこと」を言います。つまり、「あんたら、こんなふうにのんびり座ってるけど、二、三分後にはすごい地震があるかもしれへんでぇ。そんなことないって、なんでわかるのん?」とか言います。なぜか「悪い魔法使い」は関西弁なんですが、なんでかな(笑)。「悪い魔法使い」の言うことはよく考えると否定できないような内容で、「本当のこと」を言っているように、私は思います。だから怖いんですよね。「良い魔法使い」の「だいじょうぶ」という魔法に私たちはかかっていますが、「本当かな?」と言われるとすごく不安な気がする。結局、本当はどうなのかと考えたときに、どんな人でもすごく不安な気持ちがおこってくる時代になっているんじゃないかと思います。

発想の転換を

ただ、私は、正しいものだけが正しい、本当のことはひとつというふうに考えすぎてはいけないんじゃないかと思います。世の中で、正しい答えとか、正しいこと、ひとつしかないものだけにしがみつこうとすると、かえって不安がおこってきます。だから、発想を転換して、答えはひとつではないと思ってみてはどうでしょうか？　別に「正しい」ということにしがみつかなくても、人間は生きていけます。あるいは逆に、もっと豊かに生きられるかもしれません。そういう気持ちで生きていくということ、そういう考え方をするというのが心理療法のひとつのエッセンスではないかと私は思っています。

そういう意味で、私は、たとえば不登校の状態に対しても、「どんなことをしても学校に行かねば」とか、「学校へ行かなかったら人生は終わる」というふうには考えていません。学校に行かないほうがいいというわけではありませんよ。学校に行かないほうがいいというふうに決めるのも、ひとつに決めることになりますので、そんなふうには思っていません。

たぶん、ひとつに決めたいと思う気持ちがおこるのは、揺れ動くと不安だからでしょうね。なんでもいいと言われたら、ものすごく不安だということになりますので。

子どもが不登校になっている親御さんなんかにお会いしておりまして思いますのは、メチャメチャ辛い、とにかく辛いんです。子どもさん自身もしんどいですしね。だからお気楽に「だいじょうぶ」などとのんきなことを言うつもりはありません。それでもなおかつ、私は、学校に行かなかったら人生はすべて終わるとは決して思っておりません。これは、答えは本当にひとつではないからです。**人生をどう生きるのがベストか、なんていうのは、ひとつ正解があってそれが○ということではない**のです。これが、まず第一に申し上げたかったことです。

3 〝もの〟ではなく〝人〟として接する

カウンセリングのエッセンス・その2

次は二番目、「ものではなく人として相手と接する」ということが、カウンセリングの考え方のエッセンスかなと最近思うので、そのお話をします。

これは、人間を〝もの〟としてではなく〝人〟として扱うということです。こんなことはみなごく当たり前にしていることで、〝もの扱い〟にしようとされている方などいないと思います。

しかし、本当にそうか。ふだんあまり気づいていないけど、知らず知らずのうちに〝人〟を〝もの〟のように扱っている、あるいはそういう発想をしていることがありますので、そのことを話します。

ここで言う〝もの〟とは人工物、生命のないものと考えてください。そういう〝もの〟と人間は何が違うのでしょうか。

それを三つの点から考えてみたいと思います。

自己治癒力

まず一番目は、「自己治癒力」と書きました。普通、不登校だとかこころの問題だとか、うまくいっていないことを考えるときの解決の方法として考えられるのは、次のようなやり方ではないでしょうか。「原因」をまず調べて、どうしてそんなことになっているのかを明らかにし、それに対して「処置」をして、「除去」する。こういうイメージをお持ちの方がほとんどではないかと思います。

不登校のことでご相談にみえる親御さんも、こういう考え方をしておられますので、「どうしてこんなことになったのでしょう」「どうすればいいですか」「いつ直りますか」「いつ学校へ行きますか」と聞かれます。これは実は医学のモデルで、身体の具合が悪いときに私たちはこういう考え方をします。たとえば胃が痛いとなったら、胃の検査をしたりして原因を明らかにして、手術をするなりお薬をもらうという「処置」をして、その悪い状態を直す(「除去」する)ということになりますので、身体のことはこういうふうなやり方でやるとよろしいわけです。

ところが、こころのことに関しては、こういうことをやってもまず「原因」で引っかかります。「お母さんが悪い」「お母さんが過保護だから」と言う方がよくいらっしゃいます。もしそれが正しいとしても、「処置」というのはどうするんでしょうね。お母さんを非難しても変わりませんし、それに、お母さんがそうなっているのは、そのお母さん、つまりおばあちゃんの育て方が悪かったからってことが多いですよね。ということは、そのおばあちゃんを育てたのはひいおばあちゃんですね。それをずうっと逆上っていくとイザナミが悪いのです（笑）。そんなわけで、「処置をする」ということになったらもうつまずいてしまいます。「除去」なんてできない。だいたいここでみなさんつまずかれて、不登校の問題とかいじめの問題というのはどうやったら解決するのか、もう訳がわからないというふうな状態になられる方が多いと思います。

どうしてうまくいかないのでしょう？　実は、この考え方は、「もの」の修理に使う発想だからだと私は思っています。「原因」を調査し、「修理」する。しかし、私たちは、せっかく人間なんだから、「人間」を扱う扱い方で、アプローチしてみたらどうかなというのが私の提案です。

ものは「自分で直す」ということができないから、人がいろいろ原因を探したり、ガチャガチャやるわけですよね。だけど、人はせっかく「自己治癒力」があるんですから、まずそれを生かそうと考えるということを出発点にしたいと思います。

と言いましても、難しい子どもさんほど、その子のもっている「自己治癒力」というのはなかなか信じられないと思います。長年不登校だったり、変化がなかったりすると、なんの進歩もない、もうずっと変わらないの？　と思われるかもしれません。ただ、ひとつ気をつけていただきたいのは、**生き物のスピードは「もの」の変化よりもうんと遅い**ということです。

　たとえば花が開くとき、蓮の花みたいにポンと開くというのもありますが、普通は、花が咲くのでも、実がなるのでも、すごく時間がかかります。だから、人の変化も決して早くありません。目に見えるような変化などありません。だいたい年単位というふうに覚悟していただけるといいと思います。そう思っていただいたほうが、学校の先生方は少しは気が楽になられるのではないかと思う面もあるんですよね。

　また、いっしょうけんめいがんばって接することが必ずしも功を奏するわけではありません。こういう、「援助」をする仕事のときに、いっしょうけんめいになりますと、どうしても「私がなんとかしてやりたい」と思うんです。他の人にやってもらうんじゃダメなんです。この「熱意」は、そのままそれを植物に与えると、少し熱すぎたりします。誰がかかわって相手が変わったってそれでよいんです。**成長するのは子ども自身の力**なんですから。

　ただ、がんばらずに〝見守る〟というのは難しいことです。がんばらないと、とたんに

「もうどうでもいいや」という気になってしまいますからね。**〝見守る〟というのは「関心をもつ」ということと「手を出さない」ということを同時にすること**です。これを同時にすることはなかなか難しいのですが、私たちが植物を育てるときには、実はこの〝見守る〟をしています。土の具合に「関心をもち」、「手は出しません」。出てきた双葉をちゅうーっとひっぱる人はいませんものね（笑）。

本当にゆっくりで、なかなか難しいことではありますが、私はこの「自己治癒力」というものを活かすというやり方を、まずお勧めしたいと思います。

多様性

人とものの違いの二番目は「多様性」ということです。ここにお越しのみなさん方は、お顔が全員違います。こんな不思議なことはないと思うぐらい、いつどこに行っても、お顔が全部違います。あるところに話しに行ったら、全員同じ顔がズラッと並んでいたらものすごく怖いわけで（笑）、そんなことはなくて、いつも全員違います。生き物というのはこのようにでき上がっています。ところが、ここに置いてある椅子はほとんど同じ形をしていますね。

人工物というものは同種であれば同じ形をしていることが原則になっています。「もの」

はやはり同じであるというほうが使いやすいし、安心なんですね。ところが、「人」にこれを使いますと、すごく危険なことがおこる。人をもの化するというのは非常に恐ろしいことです。

「多様性」というものは、実は「生命力」と呼ばれるようなもの、今まで生命が生き延びてこられた要因として考えられていることです。たとえば、これが絶対にいいだろうというやり方をひとつだけやったとしますね。でも世の中どんなことがおきるかわかりません。気象条件が変わるとか、いろんなことがおきますので、ひとつだけにしておいたら、こけたら終わりですね。ところが、さまざまな条件を用意しておくことによって、ひとつこけても大丈夫なんです。つまり、生命力の強さということを考える場合には、この多様性というものがあることがとっても大切なんです。

「ひとつのことがいい」と思い込んで、そのためにガンガン、ガンガンやるということはすごく怖い結果をもたらします。このことを今までの人間の歴史のなかで実際にやったのが、ヒットラーですね。ヒットラーは偏った考え方から、自分の考えに合わないものを殺していきました。ものすごく怖いことです。

いろんな子がいてこその人生です。教室のなかでもそう考えていただいたらいいと思います。「不登校の子がおったらいやや」「問題児がいたらクラスはたいへんや」とか思われるかもしれませんが、全員同じ顔をして、同じように「はい」と声を揃えて言うような教室が本当に素晴らしい教室かどうか。それをめざしていくと考えると、そら恐ろしい気がします。だから、「もの」は同じ形で整然と並んでいたらいいんですが、人間はこうなってしまいますと、すごく怖い。

ただ、教育現場というのは、本当に「もの」を扱うようになりつつあります。多くの子どもたちを個別に扱えないので。もの化したほうが扱いやすいんですね。みなさん、周りを見ていただいたらわかりますが、今、この会場でも、ものじゃないものってほとんどありません。

皆さんの周り、机も椅子もノートもカーテンも、みんな人工物ですね。ただし、ここにいっぱいいらっしゃるみなさん方ご自身は人間です。人間は生き物です。だけど、人というのは、この世の中ではそのまま丸裸では生きていけないので人工物である洋服を着るんです。こうして人工物で身を隠してコントロールして生きていかないと、みんなが真っ裸で歩いたらえらいことになってしまいますよね（笑）。ここにいきなりゴキブリが来たり、ウサギがピョンピョン走ったりしたら、みんな「エッ？」とびっくりしますよね。だからコントロールしてこの世の中を生きていくという意味では、人工物は大切なんですが、ちょっといき過ぎではないかなというふうに考えてみたほうがいいと思います。

ところで、「子どもをもののように扱う」というのは、けっして子どもをぞんざいに扱っているときにそうなるというわけではありません。目の中に入れても痛くないようなかわいがり方をしていても、子どものためと思って誠心誠意こころを尽くしていても、親や先生が「ひとつの」目標にしばられていると、その時子どもは容易に「もの」になってしまいます。

人間ではありませんが、私は馬のサラブレッドのことを考えるとき、「もの扱い」の悲しさを感じます。サラブレッドは、サラ（完全に）ブレッド（支配、改良）された馬で、速く走るというひとつの目標のために淘汰されているのですが、本当にその馬にとって幸せなのか、よくわからない気がするのです。サラブレッドは、本当に大切に扱われているのですが、その繁殖の仕方などを知ると、人間の欲望や望みのために、生き物がすでに「もの」になっているのではないかと思わずにはいられません。

たとえば「よい大学へ入ること」といった、ひとつだけの目標に向かって、親や先生が子どもを追いつめると、子どもは不登校というかたちで自らの歩みを止めることがあるように思います。これは単に「学校に行かない」ということだけでなく、自分が「人間」ではなく「もの」になってしまうことを自分の手で止めていると考えることはできないでしょうか。

誰しも子どもや自分が接する人をもの扱いする気などないのですが、大切に思って期待すればするほど「もの」にしてしまうという、難しさがあるように思います。

関係性

次に人とものの違いの三番目ですが、これは「関係性」です。先ほどあそこのマイクをちょっと使いましたけれども、後は置き去りにされています。でも、あのマイクが今私が使っているこのマイクに嫉妬したりはしません。「なんで僕を使ってくれないんだろう」とひがんだり、イジイジしたりはしないわけで（笑）、ものとものは関係をもたないんですね。けれど、人間というものは関係をもつ。これが人間の大きな特徴かなというふうに思います。

ただ、「関係性」というものは両面に働きまして、「関係性」があるから人は癒されるのですが、一方で、「関係性」があるから人は傷つきもし、悩みもします。傷つく側面がまったくなければいいんですけれども、しんどいんですよね。だから、今の子どもたちが「キレる」というとき、「キレる」というのは、その「関係性」を切ろうとしているわけです。そうすれば自分が影響されなくてすみますから。だからなるべく切ろうとする。

先日、私のうしろを歩いている人から声をかけられたように思って振り返ったら、それは私へのものではなく、携帯電話の相手に対するものでした。私はなんだかとても恥ずかしいような気持ちになって、あわてて自分のこころの動きを止めたのです。最近は街中で「会話」が増えているのに、それはすぐそばにいる人との「関係性」を断ち切るものになっているように思います。

ところが一方で、人間というものは「関係性」でしか癒されない部分がありまして、人間というものが変化するのは「関係性」がついたときだけだろうというふうにも感じます。

……すいません、そこの方、ちょっと立っていただけますか？　……はいどうも、どうぞお座りください。ありがとうございました。

私が言えば、ちゃんと動いてくださいましたね。

では、次にそこの方、この場で歌って踊ってくださいますかしら（会場どよめく）。

変なことを言ってごめんなさいね。申し上げたかったことは、人はものを動かすようには動かすことができない、ということなんです。もちろん、少しぐらいなら動いていただけますよね。でも、根本的なところで動かす、変化させるとなると、まず大切なのは、相手と「人間と人間としての関係をつくる」ということではないかと思います。そうすれば、相手は勝手に変わります。変えるのではなくてね。

だから、**教師が生徒の「こころ」にアプローチしようとするならば、まず「関係」をつくらなくてはいけない**のですが、これはどうすればできるのか。「生徒と関係をつくるにはどうすればいいですか？」というのは、よく聞かれる質問です。

①まず、**「下心」をもってはいけません。**いくら「関係」をつけたいからといっても、「仲よくしよう。だから私の思いどおりになってね」ということでは、子どもはよけい固まってしまいます。子どもたちは、こういう下心をすぐに見破るように思います。

②大切なことは、**その子のことを「分析」したり、「よく」してやろうとしない**ということではないかと思います。「えっ」と思われるかもしれませんが、こうう気持ちを強くもちすぎていると、「関係」をつけるよりも「修理」をすることになりがちなのです。まずは、相手と「かかわりをもちたい」という気持ちをもつことが大事なのではないでしょうか。これはそう簡単なことではありません。たとえば、不登校になっている生徒にかかわるとき、いっしょうけんめいかかわろうとしていても相手がいっこうに変化しないと、「かかわるのがしんどい」とか、「私がかかわらないほうがいいのではないか」と思い始めたりするものです。また、反抗的だったり、拒否的だったりする子どもの場合は、かかわるべきと思っても、感情にブレーキがかかるでしょう。こういうときは、時間をかけ、また**相手のなかに〝好きなところ〟をいかに見つけられるか**が、ポイントになるように思います。

③「関係がつく」というと、よい関係だけをイメージする人が多いのですが、もし「先生なんて最低だ」と生徒が語りかけてくれれば、それは関係をもとうとしていることになります。「愛の反対は、憎しみではなく無関心」とはマザーテレサの言葉ですが、**生徒がたとえ否定的な言葉であっても語りかけてくれるのであれば、そこに関係性は存在する**といえます。

人は自ら「変わる」

相手が苦しんでいたり、不適応状態にあったりすると、その人とかかわろうとする人間は、相手を「救いたい」「助けたい」、つまり「変化させたい」と考えるものです。相手が楽になるように、より幸せになるようにと願って、手を差し伸べたいと思うんですよね。だから、そんなときに「聴く」ように、「待つ」ようにと言われても、あるいは「関係をつくる」ようにと言われても、「そんなことでいいのか」「何かもっとできることはないのか」と考えます。「聴くだけでいいのですか？」と問う人もいます。

しかし、人間は「もの」ではないのです。だから、いかなる場合でも、「変える」ことなどできません。「もの」ならば、こちらの都合で勝手に移動することも修理することもできますが、人間は他の人によって「もの」のように扱われ、「（自分の意志ではなく相手によって）変えさせられる」と感じるとき、もっとも強く抗うように思います。だから、**人間は自ら「変わる」ことはあっても、相手を「変える」ことなどできないのではないか**と私は思っています。「聴く」という行為は、だから、相手が人間としての主体性を十分に発揮できるように最善を尽くすことだと思うのです。

人を救うこと、助けることはたしかに尊い行為だと思います。けれど、人間の「こころ」が望むのは、無力な存在として「救われる」のではなく、自らが「生きる」ことではないでしょうか。

私は、人間の「こころ」がもつその「生命」の灯が大切に扱われることを願っています。

さて、これまで教育現場におけるカウンセリング・アプローチの難しさや、教師としてそれにどう対応していけばいいのか、ということについてお話ししてきました。たぶん、なぜ日常のなかでカウンセリング的にアプローチしようとしてもうまくいかないのか、その理由について、少しは理解していただけたのではないかと思います。また、「答えをひとつと考えないこと」や「生徒をものではなく人間として扱うこと」の大切さについて、頭では理解していただけたのではないでしょうか。

私がこれまで申し上げてきたことは、ごく「あたりまえ」のことです。ですので、これに異議をとなえられる方は、あまりいらっしゃらないと思います。けれど、何かモヤモヤが残る……。

それは、これまで申し上げてきたような生徒への接し方はよくわかるし、なるほどそうだと思っていても、実際の教育現場ではなかなかそのとおりにはできなかったり、うまくいかないということを体験されるからだと思います。

たとえば、人間の「多様性」を大切にする、子どもの「個性」を生かすということは（頭では）よくわかる。けれど、それを実際の教育現場で実践することは、ものすごく難しいのです。教室のなかで、じっとすわらず立ち歩きする子、暴言を吐く子、学校に来られない子、そういう子どもたちの存在を「迷惑だ」と感じて困っている子、そんなさまざまな「個性」をすべて生かすなど、不可能なんです。

先ほど、私が申し上げてきたことはごく「あたりまえ」のことだと言いましたが、「あたりまえ」であると同時に、それを教育現場で実際に行うことは、不可能といってもいいほど難しいことだと思うのです。

だから、私たちは、不可能とわかりつつ、できる限り「ベスト」を尽くさねばなりません。では、具体的にどのように考え、対応していけばいいのか。第2部では、このことに重点をおいて、みなさんといっしょに考えていきたいと思います。

第2部

現場でどのように対応するのか

私が第1部で申し上げてきたようなことを実際に教育現場で実践することがとても難しいと感じたのは、現場に行って、直接先生方からお話を聞いたときです（私はいろんな学校へ行って、そこで困っておられる事例をおうかがいし、いっしょに対応を考えるという「訪問研修」を続けています）。

そんななかで、頭ではわかっていても、あるいはそれが理想だと考えていても、実際の現場においては、なかなか実践することが難しいことが多くあることに気づかされました。

現在では、学校現場におけるカウンセリング的アプローチについて、たくさんの研究がおこなわれていて、多くの研究成果が発表されています。スクールカウンセラーも数多くの学校に配置されるようになりました。

「なのに、どうして不登校はなくならないんですか？」

「学校の〝問題〟をなくすには、いったいどうすればいいんでしょう？」

と尋ねられたことがあります。

さて、どうしてなくならないのだと思われますか？

私は、教育現場におけるさまざまな「問題」について、あくまで「なくす」という発想でアプローチすると、そこには不全感のみが残るように思っています。まるでもぐらたたきのように、たたいてもたたいても出てくる。

第1部で述べてきたように、学校を作りあげているのは、生徒であり、教師であって、すべて「人間」なのです。だから、そこから「問題」を根絶するのは、不可能なのではないでしょうか。

「問題」をもっている人間、「問題」を抱えた学校、「問題」があってあたりまえ、むしろそこからスタートしてみてはどうか、と思うのです。

なので、この第2部は、先生方が感じておられるさまざまな「お困りごと」をとりあげます。そのほとんどは先生方からご相談を受けたり、質問された内容です。

こうした「お困りごと」に対して、明確な答えをいって、たちどころに「解決！」してさしあげられるなら、どんなにうれしいだろう、と私も思いますが、そんな「ワンパターンの解決法」など、教育現場には存在しません。

一方で、こうした**「お困りごと」にアプローチすることは、生徒理解、人間理解へのヒントという宝物が埋まった、「黄金の道」を歩くこと**のようにも思います。だから、そこをとびこえて一気に「解決」や「根絶」というゴールへ向かうのは、あまりにももったいない。

そこで私としては、教育現場で感じられる「お困りごと」をとりあげて、じっくりと考えてみたいと思います。

ワンパターンの「解決法！」をお示しできないかもしれませんが、囲碁や将棋における

「定石」のようなものはあるように思いますので、私が感じている「定石」については、できる限りお話ししていきたいと考えています。

また、「お困りごと」は、人によってさまざまなものですが、教育現場における「お困りごと」にはある程度共通性もあって、どの学校へ行っても尋ねられることがらや相談される内容がありますので、そういうことをどんどんとりあげていきたいと思います。

「結構共通している悩みがある」と思ったものですから、多くの先生が集まられた機会に、「いったいどんなことで、何に困っておられるのか」を尋ねてみました。するとたしかに、みんなが困っている「教育現場における困りごとランキング」が出てきました（笑）。

以下、下位から順番に、その内容を発表していきたいと思います。

1　特別な支援が必要な生徒の理解

　ではまず、「お困りごとランキング」の第四位からみていきましょう。

　第四位は、「特別な支援が必要な生徒の理解」です。最近では、各クラスに、「特別な支援」が必要な生徒がいます。そういった生徒、たとえば、「発達障害を抱えた子ども」「不登校の生徒」「問題行動を呈する子ども」などを、どのように理解し、どうアプローチすればいいのか。また、クラスで「いじめ」の事案が疑われるような場合や「学級崩壊」に、どう対処すればいいのか、といったことに関するお悩みです。

　最近では多くの解説書が出たり、研修会などもありますので、もしご自分のクラスにそういった児童・生徒がいる場合には、積極的に本を読まれたり、研修会に行かれることをお勧めします。受験勉強とは違って、「大人の」勉強というものは、必要になったり困ったりしたときにするものですよね。また、そういうときには、本の内容もよく頭に入ってくるように思います。

　ただ、こうした「解説」や研修会の内容は、学者によって言っていることが異なっていたり、「一般論」はわかっても自分のかかわっているケースにどうあてはめていいのかがわからなかったり、また、どういう状態かの解説が書いてあっても、実際どうかかわればいいのか、具体的な方法が書いていなかったりするということがよくあるように思います。

そこで、生徒理解に関しての「概説」は他の本などに譲ることにして、ここでは、なるべく具体的に、とくに、こういった「特別な支援が必要な生徒」にかかわるときに生じる「困ったこと」「悩むこと」に焦点を当てて、お話しすることにいたしましょう。

1 — 発達障害

「発達障害」とは何か

前回（一六年前）には、ほとんど挙がってこなかった「問題」が「発達障害」でしょう。もちろん以前からも「自閉症」は注目されていましたし、私など「自閉症」に惹かれて心理臨床の世界に入ったぐらいです。しかし、当時は（当時の名称ですが）養護学校や障害児学級と呼ばれる学校・学級に行くことが多く、普通学級で出会うことはそう多くありませんでした。また、「自閉症」の子どもたちは、コマーシャルの言葉を繰り返したり、オウム返しのような会話しかできなかったりして、特別な世界に生きているような印象をもったものです。

その後、「微細脳機能不全症候群（ＭＢＤ）」という診断名が「流行」した時期がありました。以前からも、落ちつきがなく、不器用な子どもがいたわけですが、そうした子どもは、「両親の育て方が悪い」とか「親の性格が原因だ」などと考えられていました。ところが、その後の研究から、必ずしも親の育て方が原因ではないということが明らかになってきました。そのため、このような症状は、非常に軽微な脳の障害によっておこるのではないかということが仮説的に考えられるようになったのです。

しかし、じゃあどんな「障害」なのか、ということは、今に至ってもわかっていないのです。そのため、根拠のない原因に基づいたこの診断名は使われることがなくなり、目に見える行動の特徴から診断できる、ＡＤＨＤなどの診断名に代わっていきました。今は、そんなＭＢＤなんて言葉をご存知ない方も多いでしょうね。そういう意味でいうと、今の「発達障害」という言葉や診断基準もこれからまた変わるかもしれない、と私などは思っています。ただ、これからどうなるかはわからないにしても、現在どういう意味で使われているのかということは押さえておくことにしましょう。

現在使われている「発達障害」とは、発達障害者支援法には「自閉症、アスペルガー症候群その他の広汎性発達障害、学習障害、注意欠陥多動性障害その他これに類する脳機能の障害であってその症状が通常低年齢において発現するものとして政令で定めるもの」と規定されています。「注意欠陥多動性障害」はＡＤＨＤと呼ばれることもありますし、「広汎性発達障害」はＰＤＤ、「学習障害」はＬＤなど、略称で呼ばれることもよくあります。

また、最新のＤＳＭ－５（アメリカで使われている、精神疾患の診断・統計マニュアル）では、「自閉スペクトラム症（ＡＳＤ）」という表現が使われています。

発達障害の診断

たとえば、「自閉症」を例に挙げてお話ししましょう。「自閉症」と診断される子どもたちには、次のようなハンディキャップが認められると言われています（ウィングの三症状）。

①社会性の障害（人と人との基本的なつながりに、生まれつきの苦手さをもつ）
②コミュニケーションの障害（会話の不自然さ）
③想像力の障害（ごっこ遊びができなかったり、こだわり行動があったりする）

しかし、実際の「診断」にあたっては、現在こういった特徴をもっているというだけでなく、発達検査やこれまでの生育歴におけるエピソードを聴取するなどの複合的基準から判断することになります。

ちなみに、私自身は、生育歴において、その子に**「人見知り」があったかなかったか**、ということを重要に考えています。「人見知り」とは、自分にとって重要な愛着対象をはっきりと認識し、それ以外の人と区別できているということを示すからです。以前自閉症の子どもたちのセラピーをしたり、その子のお母さんたちの相談を受けていたとき、印象的だったのは、子どもたちがセラピーが終わって母のもとに戻るとき、自分の母親ではなく、他児の母親の膝にちょこんと座るという出来事でした。実際のお母さんは、それを当惑しながら、悲しそうに見ておられました。この現象は、セラピーを続けると変わってくるのです。後半になると、お母さんを見つけるやいなや、笑顔で母親の元へダッシュするようになりました。自分にとって大事な愛着対象を自分のなかにイメージ化して抱くということは、言葉の発現の基になることですし、他者との交流を含む社会性の基礎となることがらなのです。

また、現在の状態については、**「視線が自然と合うかどうか」**を重要視しています。私たちが行っているコミュニケーションは非常に複雑で、お互いを見る視線の動きも、視線が合うか合わないかという二択の単純なものではありません。時折合わせたり、またさりげなくそらしたりするなど、意識せずともそれを自然に行っているのです。そういった複雑な視線の合わせ方が難しく、ずっとそらしていたり、あるいは、じっと、まるでものを見るように見つめるという視線の合わせ方をする場合、コミュニケーションそのものに難しさを感じている可能性が高いと思います（もちろん誰だって極度に緊張すればこうなるわけですが……）。

さて、「発達障害」の診断はそう簡単なことではありません。はっきりとした原因が特定されているわけではありませんので、なんらかの「検査」やレントゲンによって確定できるという類のものではないのです。あくまで外側に現れている状態をみて判断するのですし、コミュニケーションや社会性などは相手や環境の要因を無視できないのですから、単純に「障害」と決めつけることは厳に慎まねばなりません。また、いくつかの障害が重複することもよくありますので、「一つ」に診断を決めかねることも多々あります。

私自身は、実は**「発達障害」を「病気」（異常）とみなしていません。**心理臨床においてかかわるさまざまな不適応状態のなかには、あきらかに「誰でももつ」ものではないもの、たとえば幻聴や幻覚などもありますが、一方で、「誰でももつ」ものも多数あります。たとえば、「不安」や「うつ状態」などは、その典型です。したがって、精神科領域にかかわるものは、「異常」と「正常」の区別がそう明確ではないのです。

また同様に、「異常」と「個性」との判別も判然としたものではありません。「人格障害」と呼ばれる診断基準がありますが、チャート式にたどる判別法では、誰もがなんらかの「人格障害」になることができます（笑）。私もやってみましたが、どのタイプの「人格障害」にも思い当たるところがありました。これと同様に、「発達障害」もまた、誰にでもあてはまる要素がありますので、その程度の差によって、「個性」の違いとしてとらえるほうがいいのではないかと私は考えています。

発達障害への対応

ただ、「診断」もまったく無意味なものではなく、多くの子どもが共通した特徴をもつ場合、囲碁などにおける「定石」のように、パターン化された対応が有効な場合があるのです。それは、有効活用しなくてはなりません。

たとえば、「自閉症」の場合、以下のような特徴と対策があります。

情報の除去ができない

私たちは「選択的注意」といって、必要な情報を選択し、その他の情報を除去することができますが、自閉症の場合、さまざまな情報、たとえば音などがすべて等価に入ってくると考えられています。そのために生じる混乱を避けるために、「与える情報を減らし、一回に一つだけにする」という方法が有効な場合があります。

一般化ができない

シェパードとトイプードルと狼だったら、シェパードと狼のほうが似ているのに、なぜシェパードとトイプードルが「犬」であり、「狼」とは区別されるのか、そういったことがよく理解できません（たしかに言われてみればそうだなぁと、私などは思いますが……）。そのため、「予定」をむやみやたらに変えたり、直前になって変更するといったことを避けることが大切です。ルールのない変更に弱いのです。

認知における心理的距離がもてない

自閉症の子どもにとって、大切なミニカーは、単なる「車」ではないのです。それはもはや「自分自身」であって、そのミニカーが取り上げられたり傷つけられたりすると、それは、自分自身が傷つけられたのと同じになってしまい、火のついたように泣き叫ぶことになります。また、耳で聞いた言葉を、「概念化」して理解することも苦手です。なので、「聞いたこと」を理解することが難しく、「なんとなく」理解したまま（自分なりの勝手な理解を付け加えて）、わかったように見せながらその場をやりすごしています。

私は一時期スイスに住んだことがありますが、そのとき、周りの人の話す「スイスドイツ語」がわからず、だいたいなんのことを話しているのかをぼんやりと理解できただけでした。しかし、わからないという顔をするとコミュニケーションの輪のなかに入れませんから、なんとなく笑ったりうなずいたりしながら、その場を過ごしていたものです。そういうときは、話の内容よりは、相手の人がどのような感情を自分に向けているかという情報がくっきりと入ってきたように思います。発達障害を抱える人たちのコミュニケーションも、こんな感じなのかなぁと、私は思っています。相手がいったい何を言おうとしているかをあまり理解はしていない。しかし、それを問い返したり尋ねることはしない。一方で、相手（話し手）の感情などのメタメッセージは、強く入ってくるのです。

発達障害を抱える子どもたちがなんらかのトラブルをおこすと、先生方は注意をされることと思います。そんなとき、「書いて」示す先生はまずいません。たいてい、言葉で注意しますよね。そのとき、子どもたちは、先生が何を言っているのか、はっきりとは理解できていないのです。けれど、先生が「怒っている」ということだけは、ものすごく強く伝わってきます。そのため、子どもたちは「何が悪かったのかはよくわからないが、ともかく先生は、僕（私）のことをすごく怒っている」と感じ、「相手の子だって悪いのに、なぜ自分だけがこんなに怒られなきゃいけないんだ！」という受け取り方になってしまいます。

このことを踏まえると、発達障害（傾向）のある子どもに対しては、（できれば感情を抑えて）ゆっくりと話すこと、わからないことがないか質問のチャンスを与えること、伝えたい重要な情報は、「書いて」「見える」ようにすることが大事だと思います。これを実行するだけで、落ち着く子どももいます。

「ふつうなら」とか「当然わかるだろう」という思い込みをなくさなくてはなりません。発達障害でなくとも、人の受け取り方はさまざまですし、自分が発した言葉を人は自分が思ったとおりに受け取っているわけではないのです（私が今こうして話していることも、そういえるかもしれませんね（笑））。

そのほかにも、発達障害を抱える子どもたちに共通する特徴がいくつかありますので、挙げてみましょう。

複雑な感情が理解できない

母親を早くに亡くした娘を男手ひとつで育てあげた江戸っ子のお父さん、娘がとつぐことになったその日に「とっとと嫁に行きやがれ」と言う、というシチュエーションを想像してください。このときのお父さんの気持ちはそう単純ではありません。悲しさやうれしさやさびしさなどが入り混じった複雑な感情から発せられた言葉でしょう。しかし、こうした複雑な「裏の」感情を読み取ることは難しく、「文字どおり」に理解する傾向があります。そのため、今のシチュエーションだったら、「このお父さんは娘のことが嫌い」と理解します。したがって、子どもたちに話をするとき、「裏のある」言葉かけをしないほうがいいと思いますし、比喩で説明することも理解してもらいにくいかもしれません。

「つながり」がなく、一方で、直接的に「連結」してしまう

さきほどの「江戸っ子のお父さん」の例で、父親が娘を嫌っていないことを娘が理解できるのは、これまでの二人の関係の歴史があるからですよね。一般に言葉を理解するうえでは、その言葉が発せられた「文脈」を理解することが重要です。しかし、発達障害を抱えた子どもの場合、そうした「文脈」や二人の関係性を理解することが難しいように思います。また、「過去と現在」とをつなげながらこころのなかにおさめていくという作業も不得意で、いろいろな体験がこころのあちこちに脈略のないままおかれている、といった印象を受けます（まるで、雑然とした部屋の中にいるような感じです）。つまり、あちこちで、「つながり」をつけることがうまくいっていないのではないかと思うのです。

一方で、（つながりがないがゆえに）まったく関係のないものがいきなり結びついたりしま

す。ほとんど関係のない二つの体験がいきなり結びついて、「フラッシュバック」をおこしたり、実際にいやな体験をしたそのときにはとくに反応をせず、何日もたってから、あたかも「今」そのいやな体験をしているかのように怒り出すこともあります。

さらに先生方にとって扱いづらいのが、先生が言ったことが、その子の**こころのなかに積み重なっていかない**という現象です。トラブルをおこしたり、本人にとっても望ましくない行動をしたとき、先生方は、根気強く話をして生徒の理解を得ようとします。ゆっくり話をしてみると、「わかった」と言う。それを聞いてほっとしたのもつかの間、あくる日にはまったく同じことを繰り返すのです。こういうとき、たいていの先生はがっくりきますし、腹も立ちます。当然ですよね。

また、自分がやっていることを「完全に」棚にあげて、他の子どもたちに激しく攻撃しながら注意をしたりします。これをされた相手の子どもも、もちろんだまってはいません。こうして、教室にけんかが絶えないということになったりします。

これらはすべて、**発達障害を抱えた子どもたちが「つながり」をつけにくいことから生じているように**思います。「昨日」理解したことと、「今日」の行動とはつながっていなくて、それぞれは独立しているので、また「一から」やり直さなくてはならないのです。

また、「自分」のことと「相手」のことも独立していて、(相手を非難しているときに)「自分も同じようなところがあるから」というつながりをつけて、手加減するということができません。こういう「つながりのつけ難さ」を先生もよく理解したうえで、これをゆっくりと、根気強く（本当にキレそうになりますが）、粘り強く説明していくと、少しずつではありますが、この「つながり」を理解してくれるようになると思います。そしてこの**「つながり」のもとになるのは、先生とその生徒との「つながり」**です。

こうして、私たちにとってもっとも大切といってもいい「共感」ということを生徒が理解していってくれるように思います。

保護者への対応

さて、ＭＢＤは今や死語となりましたが、「親の育て方が原因ではない」という考え方は今も生きています。なので、「厳密な意味で」発達障害というとき、それは「親の育て方を原因とみなしていない」ということは大事なことです。ここはよく押さえておいてください。発達障害と診断された子どもを担任された先生が、「親の育て方がよくない」と言われることがよくありますが、これは「発達障害」という診断とは矛盾するということになります。

しかし、この「親の育て方のせいではない」ということは、親が不必要な罪悪感を抱かなくてもよいという意味ではいいのですが、逆に（なおらない）「障害」を抱えて生きるということになり、それはそれでつらいことでもあります。

そのため、**発達障害の「診断を受ける」ということについては、慎重であるべき**だと思います。学校の先生方のなかには、保護者が子どもに対して適切な対応をしてくれることを期待して、あるいは、保護者の気持ちを軽くできれば……という思いから、一刻も早く発達障害の診断を受けさせるべく病院への受診を勧める方がおられます。保護者がそれに対して逡巡すると、「障害受容ができていない」と言われる先生もおられますが、発達障害は診断を受ければすべてが解決するといった類の「病気」ではありませんし、「受容」するということは、本当にたいへんなことだと、私は思っています。

また、それまで（たとえ少し対応がずれていたとしても）熱心にかかわっていた先生が、発達障害の診断がくだると急に熱が冷めたようにかかわりをやめてしまう方もおられるように思います。それは子どもにとって、むしろとてもさみしいことです。

もちろんこのように言ったからといって、診断がまったく悪いものと言う気はありません。よりよい対応を始めるきっかけになったり、親の気持ちが軽くなって、それが自然と子どもへのよい対応につながることももちろんありうるのですから。しかし、医療の領域とは異なり、診断をつけることですべてが解決するわけではないことは、よく認識しておく必要があると私は思っています。

発達障害を抱えた子どもに接しておられると、たぶんなんとなく感じられるかもしれませんが、子どもとその親とがよく似ていることがあります。子どものことで保護者と連絡をとって話すとき、なんとなくコミュニケーションがうまくいかなかったりすることがあるかもしれません。

これは、ひとつには、教師が保護者を「一人の人間」としてみることができず、あくまで「子どもの親」としてしかみることができないという要因からくるのかもしれません。教師は子どもに目が向き、極端な場合には子どもしか視野に入らず、親は自分の「協力者」であってほしいと願うのです。しかし、親も一人の人間であり、個性があり、弱さもあります。「協力者」として理想的な親を期待する先生にとって、そうした親の姿は「期待はずれ」であり、子どもと似ていて、「問題を抱えている」と受け取ってしまう場合もあるように思います。

また、なんといっても「親子」なのですから、子どもが抱えている課題や個性が、親と似ている、ということは当然あるように思います。

なので、保護者に接する場合、子どもの「親」として、理想的な人物像を押しつけるのではなく、「**子どもも親もいっしょに抱える**」という考え方のほうが、失望したりいらいらしたりすることが減るように思うのです。子どもへ向ける「愛情」と同じものを保護者へも向けるということになるでしょうか。**親は子どもとともに育つ**ように思います。

ちなみに、学校からかかってくる「電話」はとてもこわいものだと、保護者の方がよく言われます。「『お宅の子どもさんが今日こんなトラブルをおこしました』といった、悪いことしか言われない。もう電話を見るのもいやだ」という声をきくことがあります。これも、親を「協力者」として、情報を伝えてともに対処してほしいということになるのでしょう。親にしてみれば、自分自身が責められていると感じますし、それについて「対処」が簡単にできないのですから、ただただ「こわい」ということになってしまいます。

もちろん教師として子どもの様子を親に伝えることは必要なわけですが、その際、先ほど言いましたように、保護者への配慮の気持ちも少しもちながら報告できると、親との信頼関係が生まれて、それが結果として子どもの変化につながるように思います。

また、電話をして親と話すときは、こうした「悪い」報告だけではなく、**「よかったこと」の報告もできるといい**と思います（もちろん「ねつ造」してはいけませんが）。「よいこと」を報告しようと思うと、ふだんの学校生活のなかでも子どものよいところを探さなくてはなりません。そのことが子どもとの関係においてもよい変化をもたらすように思います。

いずれにしろ、どんな保護者でも、子どもにとっては世界で唯一の、とっても大切な

「親」なのです。だから、**子どもと同じように、親もまた大切に育ててあげたい**と、私は考えています。

発達障害を抱える子どもへの対応の難しさ

他の生徒との関係

発達障害を抱える子どもたちがもっとも苦手とするのが集団での対人関係ですので、教室という集団のなかで、当然、他児との間でトラブルがおきてきます。さきほど言いましたように、他の生徒への攻撃がすさまじく、徹底的に攻撃したり、怒りが爆発したまま暴力をふるう場合もあります。

そういう場合、教師はどう対応すべきか。その子だけではなく、他の生徒もいますから、教室全体を考えたときにどう対処するのか。

まず、本人に対してですが、先ほども述べましたように、感情にまかせて叱るのではなく、ゆっくりと本人が理解しやすいように、まずは話を聴く。根気強く対応する。基本的に、発達障害を抱える生徒の場合、本人と一対一になる時間を設けることがベストです。クラスのなかで、その子をとりあげて注意をしたり話をすることは、避けたほうがいいと思います。

これまで述べてきたように、他の生徒がいっぱいいる、刺激の多いクラスのなかでは、本人自身も混乱していますし、プライドも傷つけられてしまいます。**発達「障害」といっても、覚える感情や恥じる気持ちは、まったく「障害」されていません。**あくまで本人を「尊重」してかかわることが大切です。

こうした子どもがクラスにいるときに、他の生徒に対してどのように説明して、どう対応すればいいかという質問を受けることがありますが、私のこれまでの経験では、生徒たちは教師以上に「うまく」対応してくれるように思います。教師が困っていたって、生徒のほうがなんとなく「扱い」になれていたり、ある子は厳しく、ある子は優しく対応してくれたりして、とてもいいかかわりが形成されていることが少なくありません。また、クラスにこうした「特別な支援を要する子ども」がいるということは、他の生徒にとってもすばらしい教育的効果があると私は考えています。人間はいろいろです。思いやりも厳しさも含めて、多くのものをクラスのなかで学んでいくのではないでしょうか。

ただ、教師が（どこかで）「この子がいなかったら、クラス運営がうまくいくのに……」と思っていると、生徒がみな同じような感じになって、全員がその「特別」な子を排除しようとします。恐ろしいもので、生徒は教師の鏡のようなものですね。クラスを「美しく」「整った」ものにしようと考えるのではなく、その特別な支援を要する子どもを含めた**「子ども**

の力」を信じることで、かえって、クラス運営は「豊かに」「生き生きと」するように思います。

障害が重複している場合

発達障害と言われる状態はさまざまで、そのなかに、学習障害とADHDなど、複数の障害が重複している場合が少なくありません。また、二次的障害としていじめがおきて、被害感を募らせていたり、自尊心が傷ついて極端に自信をなくしている場合も多いものです。

まず、学習障害など知的側面での遅れがみられる場合、ここでこそ、教師の本領発揮！ではないでしょうか。ただ、多くの場合、「同じ学年の他児と同じレベルに達するように！」と指導されるように思います。そして、そのことが本人にとっては、「負担」であり、期待に応えられない自分をよけいにみじめに感じてしまうことにもなってしまいます。

学習面でのサポートについては、私は「**スモールステップ**」を推奨しています。階段の上のほうから「早く上がってこい！」という指導をするのではなく、階段の下からお尻を支えてあげるようなサポート。また、階段の一段がその子にとって高すぎると感じたら、躊躇なく階段の段差を下げて、上りやすくする（たとえば、習得していないのであれば、中学生にだって小学校の基本的な学習をさせるなど）。

「そんなことをしていたら、いつまでたっても『普通』の子と同じようになれない」という人もいますが、自信もやる気もなくしたまま、ずっと同じところにとどまるくらいなら、たとえ小さな一歩でも前にすすんだほうが、いつかは目的地に達することができるのではないでしょうか。「急がば、スモールステップ（?）」です。

対応が難しい児童・生徒

暴力をふるったり、教師を困らせるような行動を次々と繰り出してくるような難しいタイプの発達障害の子どもさんもいらっしゃいます。その場合は、できる限り一人で抱えようとせず、できたら専門機関と連携したり、スクールカウンセラーを利用したりできるといいですね。せめて、教師の「チーム」でかかわれるといいと思います。そうしないと、ふらふらになってしまい、当該の生徒のことが嫌いになってしまいますから。

発達障害の生徒への対応において、もっとも重要なことは、実は、「**相手のことを好きになる**」ということなのです。これはそう簡単なことではありません。理解しがたいし、否定的な感情を喚起させられるし、悪気がないぶん叱ることもできない……となると、いらいらしたり、逆に極端に落ち込んだりします。

これは、発達障害を抱えた子どもたちが、そもそも「人間関係」という「関係」を作ることに困難さをもっているからこそおこってくる難しさだと思います。教師や他の生徒との間でまさにこの「課題」を学び、育っているのですが、難しいのは、**愛着が形成されるとかえって「問題」が噴出してくる**という現象です。人間は距離が近づくとかえって怒りを出したりします。他人なら「遠慮」していたものが、親しいがゆえに否定的な感情をぶつけてきたりするのです。

また、最近は学校が「家庭」の役割を果たしていることが少なくありません。極端な例では、家で親に敬語を使っている子どもが学校にきて教師を呼び捨てにして、暴力をふるっている場合などもあります。学校の先生方は涼しい顔をして座っているわけにはいかず、我が子を何人も育てているような状況になっているのです。

ですので、一度に何人もの対応を迫られると限界を超えてしまいますし、けっして「無理」をなさらないでください。

また、人間関係を学ぶためには「否定的な」関係が不可欠であって、暴言を吐かれるようなことがあったとしても、自分と当該の生徒との間にちゃんと「関係」がついている証拠だと理解されることも、少しは対応を続けていける助けになるかもしれません。

そうした対応をあきらめずに続けていくと、生徒のことが「あぁ、そうだったのか」とわかってくることもありますし、そうするとお互い「やさしい」かかわりが可能なときも増えてきます。**こころの変化は一直線ではなく「らせん」**なので、また逆戻りしたように感じられることもあるかもしれませんが、それでも少しずつ変化はおこるものです。

また、発達障害を抱えた子どもというのは、どこかで憎めなかったり、かわいげがあったりするもののようです。

好きになるということが難しくても、腹をたてつつ、なさけなくなりつつ、それでも、あせらず根気強く対応していくことが大切ではないかと私は思っています。

思春期を迎えて

発達障害の子どもたちは、二次元の「地図」をもちながら、三次元の複雑な「世界」を生きているようなものです。地図を世界にあてはめることは、ある程度役立つとしても、重層的で陰影に富んだ「世界」、とくに「人間関係」を理解することは、すごくたいへんなことなのではないか、と私は感じています。

また、そのようにややこしい「世界」は、その子の外側にあるだけではなく、身体の内部からも迫ってきます。思春期を迎えると、本人にとっても統合しきれないような変化が内側からやってきますので、ただでさえ混乱しがちな状態のうえに、さらに揺り動かされることになったりします。こういうとき、どんな手助けができるのか。

これは、とくに新たな対応が必要だというわけではありません。子どもの様子をよくみながら、不安そうだったら支えてやり、「成長」を見守っていく、ということになりますので。ただし、発達障害を抱える子どもの場合は、とくにその「混乱」が大きいので、かかわる大人がそのことを理解しておく必要があると思います。また、**外見上に見える身体の変化と内側の情緒的発達との間で大きなギャップがあります**ので、そのことを知っておく必要もあるように思います。

学校現場でよく問題になるのが、性にかかわる「問題」行動です。男子生徒の場合、女子の更衣室をのぞいたり侵入したりする、女性教師に対して、露骨に性的なことを話しかけてきたり、触ってきたりするなど。女子生徒の場合、男性と簡単に性的なかかわりをもったり、ネットで知り合った人とすぐに出会ったり、大人顔負けの性的知識を自慢げに披露したりします。こうした行動に対して、学校側はとくに敏感に対応し、「警戒態勢」をひくことが多いようです。

もちろん、こうした問題行動は直接的に「被害」を引き起こすものですし、放置することは許されません。真剣な対応が求められることは当然のことだと思います。ただ、その際の生徒への理解ということでは、少し「ずれ」が感じられることがあります。

つまり、先生たちは、生徒が「性的に」異性へとかかわっていて、そのときの行動が「衝動的」である、ということを心配されているのですが、発達障害を抱えた子どもたちの場合、「性的」と言えるほど情緒的に大人になっているのか疑問だと私は考えています。むしろ、まだ幼児のような接触欲求があり、それをそのまま外に表していると考えてみるのはどうでしょうか。

大人になってから「裸で甘える」ことができるのは、実はセックスのときぐらいですから、異性に抱かれていたとしても、それは実は「母親」を求めている場合も少なくないように思うのです。こうした性的な問題行動をみて、多くの大人は「性的行動」ととりますが、それは、むしろ大人からみた判断であって、本人がどのような気持ちや状態でいるのかということは、慎重にみる必要があると思います。「いやらしい!」と目をひそめる教師がいますが、それは、教師自身が「いやらしい」目でみているからかもしれないのですから。

ただ、だからと言って、こうした「性的」問題行動をすべて受け入れたり、容認したりすべきだと言っているわけではありません。むしろ、こうした行動がなぜだめなのか、どう対応すべきなのか、しっかりと「指導」する必要があると思います。発達障害を抱えていようが、身体は正常に発達し、妊娠だってしたりしますので。この、外的身体発達と内的情緒発達とのギャップこそが、思春期の難しさであり、混乱を生む要因となっているのです。

このことは、けっして発達障害を抱えた子どもたちだけのたいへんさではありません。定型発達をたどっている子どもたちにとってもたいへんであることは変わりません。ただ、定型発達をたどる子どもたちの場合は、そうした岩場のある危ない崖を、ふらふらしながらも通り抜けていきますが、発達障害を抱える子どもたちの場合は、足をすべらせたり、石に躓いてころんだりしながら、やっとの思いで越えていくのです。そのぶん、かかわる大人には配慮が求められますし、まさに「特別な」支援が必要になってくるでしょう。

身体発達と情緒発達のずれについても、発達障害を抱える子どもたちは定型発達の子どもたちと比べてその程度が大きいので、大人としての部分と子どもとしての部分の両面から、指導と理解をする必要があります。つまり、大人として注意しなくてはならないこと（たとえば妊娠の危険性、こうした露骨な接触をしたときに相手がいやな気持ちをもつこと、性的なことをあからさまに人前で言うべきではないということなど）を伝えることが必要であるとともに、子どもとして理解すること（小さな子どもが新しいものを見たときに興味津々であるような感じで異性を見ていること、人と仲よくなりたい、他の子どもたちと同じように「大人っぽくみせたい」と背伸びをしていることなど）を理解していることの両方が必要になるということです。そうすれば、「何をしているんだ！」と怒鳴りつける対応とは少し変わってくるし、子どもたちのほうも「自分」を少しは受け入れやすくなるように思うのです。

ＡＤＨＤの子どもへの対応

これまで発達障害全般のことをお話ししてきましたが、ここで、ＡＤＨＤと診断を受けている子どもたちへの対応についても取り上げてみようと思います。ＡＤＨＤの子どもたちは、自己評価がきわめて低いと言われています。小さいときから「じっとしなさい！」「だめ!!」と怒られ続け、勉強もついていけず、「どうせ……」となげやりな気持ちで日々過ごしていればそういうことにもなりますよね。

ただ、ＡＤＨＤは「障害」とされていますが、まわりの対応によって、その行動は大きく変わるとも言われています。多彩な問題行動に手を焼き、「もうどうしていいかわからない」という教師や親も多いのですが、一方で、「四月当初はどうしようもなかったのに、かかわりを進めるなかでずいぶんと落ち着きました」という報告もあるのです。どうかかわればいいのか、いっしょに考えてみたいと思います。

理解する

人が大声を出すのは、聞き手の耳が遠いとき、あるいは、相手が聞く耳をもたないときです。だから、教師や親が「聴く」、あるいは「理解する」という態度をもつと、子どもの「声」は小さくなります。それをせずに、一方的にいうことをきかせようとし、大人の側が考える「よいこと」をさせようとすると、子どもは大声（大きな問題行動）を出します。「理解する」というのは、ＡＤＨＤの勉強をしたりすることだけを指すのではありません。**子どもがどんな気持ちでいて、なぜそんな行動をするのかということを、「想像」する**ということです。

ですから、ここでは、ＡＤＨＤの子どもたちへの「対応マニュアル」をお示しするのではなく、この子たちの世界がどんなものなのか、「想像」してみようと思います。

スサノヲ

ＡＤＨＤと診断される子どもたちに対する私のイメージは、「天使」なんです。ただし、天使の羽の端《エッジ》には、カッターのような刃がついている。そのため、その子が動くたびに、周りの人がけがをしてしまうんです。「えっ？　何？」と振り返るとまた、違う子がけがをする。それに対して教師が「何をするの！」と叱ったとしても、本人には理解しようがないんですよね。だって、羽は背中にあるんですから。しかし、落ち着いたときに、ゆっくりと話をするならば、きっと理解してくれると思います。ただ、自分でも制御しようがない背中の羽なので、また同じことを繰り返してしまうかもしれない。

さらに、私は、古事記にでてくる「スサノヲ」を思い出すんです。スサノヲは、母であるイザナミを恋しく思い、父イザナギに反抗し、嘆き悲しみ、暴れる。狼藉を繰り返し、ある日、スサノヲは織女たちの御殿に穴をあけ、馬の死体を投げ入れて、織女のひとりは死んでしまう。そのせいで、姉のアマテラスは天石屋戸《あまのいわと》に隠れてしまうのです。しかし、スサノヲは、クシナダヒメと結婚し、八俣の大蛇を退治して、自分にふさわしい「働き」をします。ただ、光輝くアマテラスとは異なり、結局スサノヲは、母のいる根堅洲国《ねのかたすくに》に向かい、ここで暮らします。スサノヲの「自己肯定感」とは、私たちが一般に考えるような、アマテラスのそれとは異なっているのかもしれません。

ADHDと診断される子どもたちに限らず、**自己肯定感を育てるためには、相手を一人の人間として尊重し、そのこころについて想像し、理解することが大切**なように思います。いろいろな困難はあると考えられ、また、大人が考えるようなかたちとは異なるかもしれませんが、きっとスサノヲのように、「自分の」道を見つけていくと思うのです。**誰のこころのなかにもスサノヲは生きている**のですから。

ADHDの子どもたちも、彼らなりの世界のなかで、そのすばらしい「個性」を発揮できるように思います。しかしそれは、一般的に教師が子どもたちに教えたいと思っていることとは、異なっているかもしれません。教師は子どもたちに「生きる」こと、「光」の世界を教えると思うのですが、ＡＤＨＤの子どもたちが教えてくれるのは、「死」の世界のことであり、闇の世界のおぞましさだったりするからです。だから、教師にとっては、受け入れがたく、できれば排除したいものとして迫ってくるかもしれません。アマテラスでさえ、逃げて籠りたくなったんですものね。ですが、古事記を読んでいると、スサノヲの気持ちもまた、読み手に伝わってくるように思うのです。

ＡＤＨＤの子どもに接するときには、自分の行動について、**「いったい誰のために、やっているのか」**ということが絶えず問われます。たとえば、「薬を飲ませる」というときにも、大人の側が子どもをおとなしくさせるために飲ませようとしているのではないかと問う必要があるのです。「おとなしくさせるため」ということであれば、それは、子どもが「やっかい」だということであり、そのことを当該の子どもはすぐに察知します。そんな状態で子どもが自己肯定感をもつことなどありえません。悪いことをしたりして叱られることも子どもにとって自己評価を下げることになりますが、まだ、（たとえ否定的であっても）関心や期待を持ってもらえるだけましなのです。この、「自分はやっかいものだ」「いないほうがいいんだ」という感覚は子どもをひどく傷つけます。ＡＤＨＤであろうと、ＡＳＤ（自閉スペクトラム症）であろうと、子どもは、一人の「人間」なのですから。

さいごに

発達障害の問題は、最近の学校現場にとってかなり中心的なものになっていて、多くの先生方が困っておられるので、長い時間をとってお話をいたしました。最近になってどうしてこんなに「増えて」いるように思われるのか、これについては、いろいろ言われてはいますが、私もよくわかりません。ただ、たぶんその「原因」がわかったからといって、「解決」に結びつけられるような単純なものではなく、現代という時代性も含んだ、多くのことが絡んでいるように思っています。

すでに申し上げたように、私自身は発達障害を「異常」とはみなしておらず、現代を生きる私たちに共通した心性をもっているように感じています。なので、「異常」として特別扱いしたり、まして排除したりするのではなく、**自分たちにもあるものとして、「理解」していく**ことがとても大切なことのように思うのです。

「誤解」されることほど悲しいことはありません。もちろんうまく対応できないところがあったり、世界のことをよくわかっていないことも多々ありますが、感じる感情は定型発達と言われる子どもたちと変わることはなく、むしろとても敏感で感じやすい子どもたちだと思います。

「誤解」が続き、子どもたちのほうも自分自身のことが理解できないまま、なんとかまわりに合わせていこうとすることが続くと、子どもたちは、ごまかしたり、うそをさかんについたり、「笑われキャラ」や「いじられキャラ」になって、その場をやりすごそうとすることが増えることになっていきます。年齢がいくにつれこうした傾向は増えていき、小学校の高学年になるとこういう「パターン」が定着してしまっている子どもも多いようです。そうなると、その子は孤立し、いじめられ、自己肯定感がもてないまま、鬱屈した感情を抱き、さらに問題行動を示してますます理解されにくくなるという悪循環が生じるように思われます。

発達障害を抱える子どもたちが、嘘をつきだしたり、学校を休むようになったり、表情が暗くなってくるような場合、ちょっとたちどまってかかわり方を考えていただく必要があるかもしれません。

そうではなく、いろいろ問題を示したり教師とぶつかったりしながらも、なんとか学校生活を過ごせているときには、長い目でその子との「つきあい」を続けていってくだされば……と思います。

2—不登校

前回お話しした頃（一九九九年）には、学校現場での「相談」と言えば、「不登校」が中心でした。どこの学校に行っても、先生が悩み、頭を抱えておられるのが不登校だったのです。

しかし、この事情は、ここ一五年ほどの間に一変しました。最近の「相談」は、ほぼ発達障害ばかりです。これは、不登校に対してはいろいろな対策が練られ、「別室登校」「保健室登校」「適応指導教室」「フリースクール」など、さまざまなルートが開通したことで、不登校としてカウントされる児童・生徒が少なくなったということもひとつの要因だと思います。

じゃあ、不登校はもうすでに「解決」されたのでしょうか？　現場におられる先生方は感じておられると思いますが、実際には、さまざまな形を含めれば、教室に入れない子どもの数はけっして減ってはいないように思われます。今もなお、先生方は、不登校の子どもたちに対してこころを砕いておられるでしょう。

ただ、不登校の子どもたちの場合は、（そもそも学校に来ていないので）教室で暴れて授業を妨害したり、他の児童・生徒を傷つけるなどのトラブルをおこすことがありませんので、「問題行動」として挙がってくることが少ないように思います。

ただ、今でも高校の場合は、単位取得のための、欠席日数のリミットが迫ってくるといった場合に、退学するかどうかをめぐって当該生徒のことが「議題」として挙がりますので、その際に注目されるということはあります。しかし、その場合でも、結局は退学という判断が下されて学校を離れ、先生方の「関心」からは遠ざかるということになります。学校からは離れても、その後当該の児童・生徒は自宅での「ひきこもり」となり、何も「解決」されたわけではありません。

こうした、不登校への「関心の薄れ」とでもいう現象が、今の不登校「問題」にとって、もっとも重要な「問題」ではないか、と私は思っています。

ただ、このことは悪いことばかりとは言えません。不登校に対してさまざまな対策がとられるようになったこと、学校へ通うという事象に関して「多様性」が認められるようになったことは、大きな進歩と言えるでしょう。さらに、「関心の薄れ」は、過度の干渉や圧迫を減らしてくれているようにも思います。以前は、先生方や両親が子どもを学校に行かせようと、ひきずるように子どもを連れていったりして、子どものこころに大きな傷をつけるということもありました。口にださないまでも、「怠けているだけ」という意識で不登校の子どもを見ている教師も多くいたように思います。

ところで、先日中国のある大学から来日された先生に、中国での不登校事情についてうかがってみました。

私「中国では不登校というのはあるのですか？」
先生「ありません」
私「えっ？」
先生「学校に行けなくなった子どもは生きてはいけません」
私「ええっ⁉」

本当にびっくりしました。「体制」というものが厳しく、それから外れることができないのだろうと思います。それゆえ、どうしてもそこから外れてしまう場合に、生きる「場」がないのかもしれません。日本はここまで極端ではないにしても、以前は同じような事情があったかもしれません。少なくとも、どんな子どもに対しても、教育の「場」、つまり、生きる「場」が提供されうるという、現代の日本の状況はありがたいと私は思います。

しかし、圧迫が減ったとしても、そのことで「関心が薄れる」ということは望ましいことではありません。そこで、本節では、不登校について、想いをめぐらしてみたいと思います。

最近の不登校事情

「問題」として立ち上がりにくい

今申し上げたように、最近では不登校が「問題」としては立ち上がりにくく、児童・生徒の側も、それに「取り組む」ということがかえって難しくなっているように思います。

繰り返しになりますが、これはけっして悪いことではありません。結論を先取りして言いますと、私は不登校という現象を「なくすべきもの」として考えてはいないので、今のように登校を「強迫」しないことは、あるべき姿だと思います。

しかし、何ごともよいことばかりではありません。児童・生徒は、気が向けば学校に来たり、好きなことばかりをしている。先生のほうは、それがなんとなく気になったり、正直に言えば、不快になったりしながら、なんとなく日々が過ぎていきます。どこかで気にかかりながらも、目先の問題行動を呈する児童・生徒や親への対応に追われて、もやもやとした気持ちのまま毎日を過ごしているという事態になりかねません。

不登校を呈する子どもたちのほうも、「なんとなく」日々を過ごしていくことができます。もちろんこころのなかでは深い葛藤を抱えていて、けっしてこころが晴れているわけではありませんが、逼迫させられているという感覚は少なく、以前に不登校という現象に名づけられていた「学校恐怖症」というような、「恐怖」の感覚を感じる子どもたちはほとんどいなくなっているように思います。このことは、不登校ということで「悩む」という状態から、逼迫感が減っているということだと言えるかもしれません。

人が自らの状態を変えるためには、「悩む」ことはとても大事なことだと思います。人間はそう簡単に変わるものではありません。（私も含めて）みなさんそれは実感しておられることと思います。「よくないところを変えよう！」と一大決心をしたところで、三日坊主です。それは、「よくない自分」だって、まぎれもない自分自身なのですから、そう簡単にそれを放り投げたり、なくしたりしないものなのだと私は思っています。それほど「頑固」な自分が変化するのは、よほどの場合だし、それはすごく悩んだときにやっとおこるもののように思うのです。

そうした意味で、**最近の不登校というのは、以前よりも難しくなっているのかもしれない**とさえ、私は思います。少なくとも、長い時間をかけてみていく必要があるように思います。

人間関係の変化

私が学校に行っていた頃（大昔）と今とでは、児童・生徒をとりまく人間関係の質がうんと変化しているように思います。少なくとも以前はスマホやパソコンがなく、電話だって家にかけなくてはならなかったので、電話をすればたいてい親が出てきました。「○○君いますか？　代わってもらえますか？」とドキドキしながら電話をかける、などということは、今はあり得ません。

ＬＩＮＥでの交流が一般的になった最近では、学校の「クラス」という単位よりも、このネットワークでつながっている「グループ」のほうが、重要な意味をもっています。こういうグループは「イツメン」（いつものメンバー）と言うらしいのですが、このグループでうまくやっていく、ということが児童・生徒にとって、いわば「死活問題」なのです。クラスに誰がいるのかよく知らないと言う子どもたちもいて、今や、「教室に入れない」のではなく、実はこの「イツメン」に入れない、という場合も少なくないようなのです。

さらに、以前と変わったことばかりではなく、以前とまったく変わらない部分もあって、それが子どもたちに大きなストレスを与えているように思います。つまり、子どもたちにとって、**友人関係はとても大事なことであり、そこからはずれることは非常につらい**ということです。これは、昔も今も変わっていないように思います。

ただ、以前と比べて人間関係は「イツメン」のように密度を増していて、そこでの「気の遣い方」は尋常ではないように思います。お風呂にまでスマホを持ち込み、「既読無視」に悩み、日々ふらふらになっているのではないでしょうか？　以前なら直接会って話すことで誤解もとけたり、気持ちが理解できたところを、会えないぶん、あるいは電子媒体を通しているぶん、推測が妄想となって自分を苦しめることもあるように思います。そういう意味で、最近の子どもたちは、以前よりもさらに人間関係の「しがらみ」にとらわれ、そこでの対人関係「スキル」は、とても高度なものが要求されているように思うのです。

つながりにくさ

最近の不登校について、もうひとつ特徴があるとすれば、それは「つながりにくさ」ではないかと思います。これはいくつかの局面で見出すことができると思いますが、「なぜ学校へ行けないのか」ということがわかりにくくて「つながらない」。また、不登校状態にある子どもたちと学校へ行けないことを話そうとしても「つながらない」。さらに、不登校状態にある子どもたちの保護者とかかわろうとしても「つながらない」などといった、つながらなさです。

まず、不登校を呈する子どもたちの様子が以前とは少し違っているように思います。たしかに、以前からも「どうして学校に行けないのか」と問うたとしても、それに子どもたちは答えられませんでした。しかし、少なくとも、不登校を「自分の問題」として、本人たちも悩んでいたし、それを言葉にしようとしていたように思います。

今は、「自分の問題」というよりは、「外」の要因がまず挙げられることが多いのではないでしょうか？　「クラスのいじめっ子」「対応の悪い教師」、そして自分ではコントロールできず（それゆえ自分には責任のない）「身体の具合悪さ」などの要因です。もちろん以前からも小学校の子どもたちの場合、学校に行けなくなる要因は、「悩んでいるから」というよりは、「お腹の調子が悪いから」というものだったりしました。しかし今は、中学や高校の子どもたちの語りでもこのような身体の不調が語られることが多いように思います。

不登校を呈する子どもたちのなかには、発達障害が疑われる子どもたちも多くいますが、彼・彼女たちもまた、自分たちの抱えるしんどさをうまく説明することができないようです。

発達障害を疑われる子どもたちは、人間関係を築くことや集団のなかでうまく立ち回ることが難しく、学校という集団生活のなかで大きなストレスを抱えています。それでも、繰り返される日々の生活を変わりなく過ごそうと努力する傾向が強いので、簡単には不登校になりません。しんどくったって、学校に行くのです。しかし、度重なる対人関係でのストレス、それから生じる怒り、被害的な感情、そして繰り返されるいじめなどを体験すると、さすがに「もういやだ！」ということになります。発達障害の子どもたちが学校へ行かなくなるのは、もうよほどのことが積み重なっているのだとみたほうがいいように私は思います。

ただ、こうした経緯を経て不登校になっていると推測されても、当該の子どもになぜ学校に行けないかと問うたとしても、ほとんど答えはかえってこないと思います。発達障害を抱える子どもたちにとって、自分が学校に行けなくなった「経緯」を語ること、すなわち現在の自分の状態を「つながり」をもって語ることはとても難しいことだからです。

教師の立場からすると、保護者ともまた、つながりにくくなっているように思います。不登校を、子どもが直面している「問題」として抱えるというよりは、教師や他児から受ける「被害」として受け止め、戦っている保護者も多いからです。さらに、そもそも不登校の問題を抱えるだけの「家庭力」が乏しく、話し合いが難しい家族も増えているように思います。

したがって、教師が不登校の子どものことで保護者と話し合おうとしても話し合いにはならず、会うことさえ拒否されてしまうといったことも多いように思います。この「つながりにくさ」は、不登校にかかわろうとするときには、大きな壁として立ちはだかってきます。

不登校をどうとらえ、どうかかわるのか

このように、最近の不登校は、「ましになっている」というよりは、それに「かかわる」ということが難しくなっているのではないでしょうか？　しかし、だからといって、当該の

子どもたちや保護者たちが苦しんでいないわけではありません。表面上は「悩んでいる」という状態を示していないかもしれませんが、「どこかで」とてもしんどい思いをしているように、私は感じています。時折原因不明の発熱をおこす子どもなどもいますが、そういうとき、私は車のイメージが浮かびます。車自体は前に進まず、まるでじっとしているようですが、それはクラッチが外れているせいで、アクセルは踏まれ、エンジンそのものはウィンウィンと唸りを挙げて加熱していて、そのせいで発熱しているのではないだろうか、というようなイメージなのです。

ただ実際には、不登校がなぜおこり、どうすればいいのかということは、そう簡単ではありません。不登校の「原因」を明らかにしたい人も多くいると思いますが、もし「原因」ということを言うのであれば、私は、複数の要因が複合したものだと考えています。「不登校ゾロ目説」と言っているのですが、いろいろな要因がゾロ目のようにチーンとそろったとき、不登校という状態になるのです。なので、要因の数（桁数）が多ければ多いほど、それを解消するのはたいへんだということになります。

また、このような、「原因」を明らかにしてそれを解消しようとする発想は、（以前にも申し上げたように）「もの」の「修理」のときの対応の仕方であって、人間にあてはめようとしてもそれはうまくいかないように思うのです。ではどう考えればいいのか。それをこれからなるべく具体的にお話ししようと思います。

「予後」のよさ

最初に、希望のある話をしましょう。「予後」というのは、現在ある症状や不適応状態が将来的にどうなっていくかという見通しです。この側面から言うと、**不登校の予後はかなりよい**ように思います。小学校や中学校で不登校を経験したり、高校で学校に行けなくなっても、その後大検（大学入学資格検定。現在は「高等学校卒業程度認定試験」）を受けて、大学に進学し、卒業する、という人もたくさんいます。

そもそも、「力」を持たない子、環境が許さない子は、不登校にすらなれないのです。兄弟・姉妹のなかで一人が不登校になると、その子は「弱い子」だと思う方が多いかもしれませんが、実際には、兄弟・姉妹のなかで、「もっとも力をもった子」が不登校という状態を呈するように思います。「不登校」とは、家庭や自分を変革しようとする「仕事」だからです。「家庭」や「自分」という、動かすにはとてもやっかいなものに立ち向かい、変えていこうとする「力」をもった子が不登校になるのだと、私は思っています。

「そんなことを言ったって、不登校になっている子は、ぐだぐだと寝ているばかりで、どう考えても逃避している弱い人間としか考えられない。他の子どもたちのように普通に生きることがなぜできないのか」と問われるかもしれません。たしかに、「普通」という側面から見たら、流れにのっていけない弱さがあるかもしれません。しかし、「普通」の子がエスカレーターに乗って先に進んでいるところを、わざわざ階段を登っているのですから、そこにはやはり強さがあると言えるのではないでしょうか？（もちろん、自らが主体的にその人生を選択しているというわけではなく、本人の自覚としては「なぜかこんなことになっている」というものでしょうけれど……）

学校の先生方と異なり、私のような心理臨床に携わっている人間は、子どもたちに長年にわたってかかわります。不登校を経験した人たち、不登校を経験せずに、大人になってから症状が出たという人たち、さまざまな人たちに会うわけですが、そこで「不登校」について語られるのは、少し意外な言葉でした。

（不登校を経験していない人）「高校か大学のときに不登校になっておけばよかった。そうすれば、今になってこんなふうに苦しまなくてよかったかもしれないのに……。当時は、学校には行くものだと思って、無理をしていた」

（ひきこもりになっていない人）「ひきこもりになれる人はいいですね。僕なんか、ひきこもれるような場所がなかった。家も自分の部屋もそんな場所にはなりえなかった」

不登校を経験した人たちが、当時を振り返って不登校の「原因」を明らかにしたり、当時のことを詳細に語るということは、あまりないように思います。当時のことは、なんとなく霧に包まれたようで、「悪い」できごととも言えず、かといって「よい」できごとでもない、ただただ、自らにおこった「歴史」なのではないかという気がしています（過去は現在によって変えられますので、これはもちろん「現在がどうか」ということと密接に関連しているように思います。「現在」に満足している人の場合は、過去の体験は、現在の礎として肯定的に評価されうると思います）。

なお、不登校（に限りませんが）になる子の多くが「身体症状」を呈しますが、これも私は「よいサイン」と思っています。私の考えでは、身体症状を出す子どもは、小さいときに病気になった際、親が面倒を見てくれたという「よい」体験を持っている子だと思っています。熱を出したら親が心配してくれて、かかわってくれたという体験を持っていると、大人になってからなんらかのストレスを抱えてしんどいときに、身体症状（それぞれの人の「お得意」の出し方）を出し、小さい頃のように家族や周りの人が関心を示してくれるのを期待するのです。うまくいけば、「疾病利得《しっぺいりとく》」と呼ばれるような期待通りの反応を得て、少し元気になれます。

身体症状は「サイン」でもありますので、自分も他者も、その「サイン」から何がしかを受けとることができ、自分の状態を変えることにつなげることも可能です。

こうした、「かかわり」を引き出したり、「サイン」を示せたりするという意味で、身体症状を出せることは、「強さ」でもあります。

本当に「しんどい」のは、他者にまったく許容されず、居場所をもてず、かかわってもらえない状態です。そういう人たちは、一見、身体症状も呈さず、ひきこもりにもならず、「普通」に暮らしているように見えますが、そのこころの底には深い「孤独」を抱えています。実は、学校現場で最も関心を寄せるべきなのは、症状を出さないがゆえに見過ごされがちな、そういった子どもたちかもしれません。

不登校をどう考えるか

さて、不登校の肯定的側面をお話ししてきましたが、そうは言っても、現在不登校になっている子どもたち、あるいはその保護者、そしてその子にかかわる教師たちにとって、不登校という状態は、けっして「よい」状態とは言えません。なんとかして学校に来させたい、教室に戻したい、と思われる方も多いと思います。

そこで次に、不登校というものをどうとらえ、それにどう対応していくのかということについて、私の考え方をお話ししたいと思います（今からお話しするのは、あくまで「ひとつの」とらえ方です。不登校というものをこのような見方でみてみることで、それに取り組みやすく、かかわりに意味を感じられるのではないかと思えるとらえ方です)。

まず、私は不登校を「病気」や「悪いことをしている」状態とは考えていません。ですからこれは、「治す」ものでも「矯正」するものでもない。では何をしているのか。

私は、「仕事」をしているのだと考えています。つまり、自分自身、家庭、あるいは、学校を「変える」というお仕事です。別の言い方をすると、私は、**不登校というのは「耐震工事」**だと考えています。「不登校耐震工事説」(「~説」がよく出てきますね(笑))。

大きな震災を体験してから、多くの建物で「耐震工事」がなされています。これは、今現在はこれといって壊れているところがあるわけではないものの、将来大きな地震が来たときに倒壊などの危険がある場合、それを回避するために、今のうちに耐震性を備えさせる作業ですね。これとまったく同じ発想です。

つまり、子どもたちが、今現在はこれといって壊れたりダメージを受けているわけではないものの、このままいけば、将来大きな地震(人生のなかの大きな衝撃)に出合ったときに、崩壊してしまいそうな危険がある場合、それを回避するために今のうちに「補強工事」をしているのだ、という考え方です。ですから、この「作業」中は、幕を張って、外とのコンタクトを一時的に遮断します(危険や労力をともなう「工事」なのですから、外[学校]とつながりながら……というわけにはいかないのでしょう)。また、どこに将来のリスクを生む可能性のある「ひび」が入っているかによって、工事期間は変わってきます。表面に近いところであれば、そこを取り除いて修復する、ということになりますので、そう長い期間を要することはないでしょう。しかし、土台部分に「ひび」がある場合は、かなりの時間がかかります。こちらのほうが、むしろ外からみれば何も問題は見つからないのですが、土台部分ということになると、まるで問題のない上層階すべてをいったん取り壊すことが必要な場合も多いわけです。そうなると、とても長い時間がかかります（身体のどこにも問題はない。元気そうに見えるし、むしろめぐまれている環境のなかにいるのに、なぜ長期間不登校という状況を続けているのか、こういう理解しにくい不登校の場合、私は、この「土台からの工事」という見方をしてみるのはどうか、と考えています）。

もちろん、こんな「耐震工事」など、しなくてよければしないにこしたことはありません。しかし、人生というのは、何があるかわからない。実際の震災も含めて予期せぬ事態に遭遇することは、「絶対にない」とは言い切れないものです。なので、大事なことは、そうした事態に遭遇したときにそれをくぐりぬけていける「耐久力」、あるいは、乗り越えて生きていく「復元力」を備えていることだと思います。

不登校になる子どもたちは、なぜか自分がどこかに「脆弱性」を備えていることが「わかる」のだと思います。そして、「耐震工事」の必要性を認識するときに、不登校になるのではないでしょうか（もちろん頭で考えているとか、意識しているということではありません。「どこかで」感じるのでしょう）。そして、その耐震工事という「作業」が終わると、自然と学校に行けるように思うのです。なので、学校に行かない、行く、というタイミングは、子ども自身が一番よく知っていると、私は思っています。

不登校にどう対応するか

「耐震工事」という見方をすると、おのずと対応の仕方も見えてきます。まず、無理やりに学校へ来させること、工事現場の幕をはがして工事をストップさせることは、あまり得策とは言えないでしょう。

もちろん、最終的に学校に行けるようになること（工事の完成）は、待ち望まれることですし、子ども自身もそれを願っています。けれども、それをあせるあまりに工事が中途半端になされると、なんのために工事を始めようとしたのかわからず、将来のリスクを抱えて、かえって不安を積み残すことになりかねません。

ただ、工事の期間が長いといらいらしたり、不安になることと思います。最近の（実際の）耐震工事では、根本的な工事のし直しというよりは、筋交いを外からはめて「補強」をするという工事もよくおこなわれているようです。こうすれば、工事期間を短縮できます。

心理臨床の分野で、時間と費用負担を少なくするという特徴をもつ「認知行動療法」が適用されるのと同様、こころの「耐震工事」においても、「補強」という考え方もありうるのかもしれません（「筋交い」は、みかけはあまりよくないのが難点ですが……）。

さて一方で、「耐震工事」という考え方をする場合、まわりの人間は、では何をすればいいのでしょう。幕をはがさない、登校刺激を与えないとなれば、放っておくのが一番いいのか。……それはまったく誤った考え方です。

工事現場に人がいないわけではありません。工事に携わるのは本人だけではないのですし、警備の人も含めて、多くの人がかかわらなくてはなりません。実際にどのようにかかわるのかということは、工事の内容が一人ひとりすべて違っているので、残念ながら「こうしなさい」ということをお示しすることはできません。「マニュアル」はないのです。

ただ、「定石」のようなものは存在するように思いますので、それを少しお話ししておこうと思います。

さきほども申し上げたように、子どもたち自身が、「問題児」なのではなく、むしろ「問題を知っている子」なのです。ですので、基本的に**子どもの力を「信じる」ことからスタートする**ことは大切だと思います。しかし、だからと言って、子どもたちが「意識的に」何をすればいいかわかっているわけではありません。自分自身では、何に腹が立って暴力をふるったりしているのかわからないし、なぜ昼夜逆転でゲームに依存する毎日から抜けられないのかわからないのです。

自分自身が「なんのために」不登校になっているのか、その「なぞ」をともに考えるために、相談機関やスクールカウンセラーが存在します。私の考えでは、臨床心理士は、不登校を「治す」ことを助けるのではなく、子どもが抱える「課題」にともに取り組み、援助する仕事をしているのだと思っています。不登校という「工事」を中止させるのではなく、それをむしろ進展させ、子ども（や本人を取り巻く家族など）の人生に生かしていくということです。

この「課題」について、もう少し具体的に述べてみましょう。

いろいろなケースがありますのですべてとは言いませんが、不登校になっている子どもたちは、自分のことというよりは他者への配慮が勝る、やさしくてよい子が多く、他者と区別する形で自分を主張すること、一方で、やわらかく他者を受け入れる柔軟性を持つことといった、対人関係に関してうまく機能する「境界」を作ることができてこなかった子どもたちが多いように思います。したがって、親からの自立を果たし、一方で、親への温かい思いやりを持てるような関係を持つこと、といった「課題」に取り組んでいるように思われる場合があります。

こんなことは、わざわざ不登校にならなくたって、本人やまわりがそのことに気がついて、話し合ったりして改善すればよいようなものですが、人や家族が「変わる」ためには、それまでの考え方がひっくり返るような体験を経て、本当に向き合うことが必要なのかもしれないと思わされます。

さて、教師もまたこのことがわかっていれば、「学校に来た、来なかった、クラスに入れた、入れなかった」ということで一喜一憂することもなくなると思います。（ちょっと変な言い方ですが）子どもが安心して不登校になれるよう手助けをして、学校に来ないことで生じるさまざまな不利益——たとえば、学業の遅れ、クラブ活動の体験のできなさ、修学旅行などの思い出の作れなさなど——をできるかぎり減らすような援助をすることはできるように思います。

もちろん、多くの教師はすでにこのような援助をされていると思いますが、ただ、その動機が、あくまで「学校へ戻ること」という場合がままあるように思われます。そのため、クラブ活動や行事にだけ参加する子どもたちが肩身の狭い思いをし、教師の側もどこかで「これができるのならなぜ学校に来ないのか」と児童・生徒に対して否定的な気持ちを抱くことも少なくありません。

同じような働きかけであっても、「工事」を一刻も早く中止させようという動機にもとづく働きかけに対しては、当該の子どもたちはひどく敏感に反応し、抵抗するもののように思います。

「工事」を中止させるという動機ではなく、子どもへの信頼に基づいた援助であれば、逆に何をしてもいいように思います。少なくとも当人への関心を持ち続けていること（見守ること）は、とても大切になるでしょう。

私は、家庭訪問については、「少なくとも一年間続けられる頻度で」とおすすめしています。一時に熱心に関心を示しても、疲れてしまって、ぱったりと関心を失ってしまわれると、相手にしたら悲しいものです。ですので、長く続けられるよう無理をしないこと、そして、できたら同じ曜日の同じ時間帯にするなど、突然の訪問（押し売り）にならないようにしたほうがいいと思います。

また、子ども当人へのコンタクトとしては、私は「手紙」という手段をおすすめしています。今はいろいろな連絡手段があるわけですが、電話というものは、相手を呼びつけますし、メールでは相手の表情を見ることができません。その点手紙は、子どもたちが読んでも読まなくてもいいし、本人にとって最も負担が少ないものなのです。

私が手紙を書くときは、便箋や切手に私の思いを込めることにしています（文章自体はなるべく簡潔に書きます）。今はすてきな切手もたくさんありますよ。

さいごに

不登校に対する私の考え方はひとつの見方です。これがあてはまらない場合も、もちろんありうるでしょう。ただ私は、**人間というものは無駄なことをしない**ように思っていて、たとえ不登校という一見「不適応」と呼ばれる状態であったとしても、本人にとってはなにがしかの「意味」をもっているのだと考えているのです。

不登校について、これまでこういう見方をしたことがなかったという方は、一度違う見方をしてみていただければ、と思います。

3 指示にしたがわない子どもたち

学級運営をするにあたって、かなりのエネルギーをとられ、消耗するばかりでどうすればいいのか途方にくれてしまうのが、「指示にしたがわない子どもたち」への対応ではないでしょうか。

言うことをきかず、反抗ばかりする子ども、非行に走り、何をしでかすかわからないとたえずびくびくさせられる子ども、学級崩壊の状態に陥り、教師として茫然とその場にたちすくむしかないクラス、そんな現場に、教師として直面させられている人たちも多いことと思います。また、そういう経験がまだないという先生だって、いつそういう状況になるかわからないのが、現代の教育現場でしょう。

なので、今度はこの問題について、少しいっしょに考えてみたいと思っています。

個と集団

「教室」のイメージは、一般的には、生徒がみな同じ方向を向き、同一行動をとりながら、集団として機能するというものでしょう。学校という場では、そうした集団生活からさまざまな気づきが得られ、団体生活を送るなかで忍耐や協調性などが培われるのであり、集団のなかで人間関係を育むことが、学校のもつ教育目標の重要な点だと考えられます。

しかし、現代の教育現場では、そうした「集団」が必ずしも無条件に成立するわけではありません。ほとんどの学校では、そうした「集団」から外れる子どもに出会います。すでに述べてきた発達障害の子どもたちや不登校の子どもたちもまた、そうした「集団に入れない子」なのです。

私は大学の教員ですので、センター入試の監督をさせられることも多いのですが、最近の特徴として、みなといっしょに受験できない生徒が増えていることを感じさせられます。理由はさまざまですが、他の受験生といっしょの部屋で受けることができないため「別室受験」をするのです。その数がとても多くなってきました。

ところで、こうした現状は、憂うるものと言えるのでしょうか？ たしかに、教員サイドとしては（私も大学教員です）、運営上、手間もひまも人的エネルギーも多量に必要とされるので、「やりにくい」というのが正直なところだと思います。みながいっしょに、いっせいに動いてくれて、言うことをそのまま聞いてくれれば、「やりやすい」のです。

ただし、こうした、（生徒）集団が盲目的に言うことをきき、同一行動をとるということは、そこに危険性が潜んでいることも、私たちは思い出さなければなりません。こうした「統制」教育がもたらした日本の不幸な時代のことを、忘れるわけにはいかないでしょう。

一方で、だからといって、すべての人が勝手気ままに行動することが「個性を生かす」ことにはならないと私は思っています。よく、欧米の人たちは「個人主義」の人が多いと言われます。たしかに自己主張がはっきりしていて、日本人のように「場」をよんだうえで自らの行動を決定するようなことはあまりなされないように思います。けれども、その「個人主義」は、「責任」に裏打ちされているのです。現代の日本人は、欧米の個人主義を輸入したのですが、それにともなう「責任」はどこかにおきざりにされているのではないでしょうか。

また、生徒自身にとっても、「枠」がないことはとても不安なものです。目隠しをしたまま知らない部屋へ連れていかれたという状況を想像してみてください。みなさんはたぶん手をいっぱいに伸ばしながら、壁を探されることと思います。もし、いくら手を伸ばしても壁に触れなければ……。すごく不安になると思いませんか?「枠」がないというのは、そんな感じです。何をしていいのか、何をしてはいけないのか、その基準が示されなかったり、ふらふらするということは、生徒たちにとっても不安であり、その「壁」を確かめるために、暴力をふるったり、非行を繰り返すことがありうると思います。

私は**「対決のない受容は単なる逃げ」**だと思っていますし、**本当の「個性」というものは、「葛藤」のなかからしか生まれない**と考えています。個性をなくした「集団」もだめですし、勝手きままな「個人」もまただめだと思うからです。

新しい秩序形成

ではどうすればいいのでしょうか?

私は今「新しい秩序形成」ということを考えています。「古い」秩序に戻そうとすること（何がなんでも学校に来させること、授業中はじっとすわって前を向いて静かに授業を受けさせること、教師の言うことをきかせること）は、もう難しいのではないでしょうか？　かといって、まったく自由にさせればいいというものではない。だとすれば「新しい」秩序を考えてみたらどうか、と思っているわけです。

この「新しい」秩序は、少なくとも二つの特徴をもっているのではないかと考えています。

力動性

すでにお話ししたように、個性を本当に生かすためには、葛藤が重要です。たとえば生徒に注意するという場面で、教師が「ともかく言うことをきかせる」という気持ちでいるときには、葛藤が生じません。こういうときの「枠」は、硬くはありますが、柔軟性に欠け、生命性が失われているのです。**「枠」は生きたものでなくてはなりません。**

「生きた枠」は、教師が、①生徒をよく見て、②（自分の保身ではなく）生徒のためを考えて、③不安にかられて判断するのではなく、ゆとりをもって、④悩むこと、からできるように思います。

たとえば、不登校の場合の登校刺激。「学校に来なさい」と厳しく言うほうがよいのかどうか。①当該の子どもにとって、どちらの態度が必要とされているのかをよく見極める。そのうえで、②（登校を促そうという決断をしたとして）それが自分の保身やまわりからの圧力によってなされていないかをチェック。③「待つ」ことができず、自分の不安から決断をしていないかをチェック。④決断をしたからといって安住せず、悩んでいる、という状態であれば、それは力動的な「生きた枠」ができていると思うのです。生きているわけですから、時間の変化とともに、その決断も変化することがありえます。

楽ではありませんよね。力動的秩序というのは、「マニュアル」のようなものがなく、「こうすればいい」と一義的に決められるものではないのですから……。絶えず悩まなくてはいけないし、気の休まるときがない。けれど、これこそが相手（たとえば生徒）をちゃんと「人間」扱いしているということだと私は思うのです。ワンパターンの対応でいいのなら、「機械教師」を導入すればいいだけの話です。**生徒を人間扱いするからこそ、教師自身も「人間」でいられる**のです。

悩むことや葛藤はたしかに「しんどい」ことではありますが、本当に生き生きとした教育をめざすものだということがわかっていれば、こうしたしんどさも生きてくるものですし、悩みがいもあり、また、おもしろさすら感じられるものです。

多元性

「新しい秩序」のもうひとつの特徴は、「多元性」だと思っています。シンプルにいうと、めざすところや考え方が一元的ではなく多様性をもつということです。「よい学校にいくこと」や「みなといっしょに行動できること」といった目標だけではなく（これらの目標が否定されるわけではありませんが）、さまざまな可能性に開かれることが必要だと思います。

そして、この可能性を開いてくれるのは、（手のかかる）子どもたちであり、この場合もまた、教師は悩み、逡巡しながら、この新しい可能性への扉を開くのだと思います（簡単に開かれるものは「新しい」可能性ではありませんので）。

発達障害（ＡＤＨＤ）の説明の際に、スサノヲのお話をさせていただきましたが、スサノヲのように、既成の概念を打ち崩し、ときには破壊的でありながら、一方で創造性の源ともなる存在のことを「トリックスター」と言います。「道化」もまたトリックスターであり、中世の王様に対して、大臣が言えないような厳しい批判をすることもありました。王様にとっては耳の痛いこともあったでしょうが、トリックスターの存在によって、体制が硬化することから免れたのです。

現代のＡＤＨＤは、まさにトリックスターであり、学校というものに息吹を与えるものだと私は思っています。しかし、それはしばしば否定的な形をとらざるを得ませんし、下手をすると（学級崩壊のような）「カオス」を引き起こしてしまうリスクがあるのです。

手がかかりますし、静的な秩序を保つことはできませんが、新しい秩序へと向かう存在なのだと考えることで、少しでもこころが開放されて、気持ちが楽になってくださることを願っています。

非行

反社会的な行動をする子どもたちを少しでも理解できるよう、今度は「非行」について考えてみたいと思います。

私は家庭裁判所の調査官の方たちといっしょに少年犯罪の事例を考えてきました（『家裁調査官レポート』日本評論社参照）。そのなかで感じてきたことを少しお話ししたいと思います。

「理由」がある

最近の少年事件は、その動機がわかりにくいものが多いと言われています。以前よくあった事件は、たとえば「お金がなくて恐喝をし、そのあげく傷害を負わせてお金をとった」というように、ある程度その行動を理解できるものでした。しかし、最近の事件、たとえば

「一度人を殺してみたかった」という理由での殺人は、理解しがたいものでしょう。しかし、そのような事例も、生育歴や家庭環境、そしてなにより調査官がじっくりと聴くことによって得られる少年自身の語りを辛抱強く集めていくと、十分に理解しうる「理由」があるように思います。ただ、最近の事例は、その理由が、「親の育て方が悪かった」「家庭環境がよくなかった」などという、単純な理由ではないだけです。

大きな事件があると、保護者や教師たちは、我が子やクラスの子が同じようにああいう事件をおこすかもしれないと心配されますが、今お話ししましたように、事件をおこすのには「理由」があるのですから、そう簡単に誰もが事件をおこすわけではありません。

しかし、さまざまな「理由」が重なると、不幸にもこうした「事件」として表面化することがあります。「事件」となると被害者が存在しますし、非行に走る子どもたちは、学校を怠学したり、相談になかなかのらなかったりして、対応が難しいものです。

幼少期の重要性

非行の場合、私は幼少期の対応・かかわりがとても大切だと考えています。樹木のようなもので、まだ苗木のうちは、修正したり思うような方向に導くことも可能ですが、ある程度以上大きくなると、正しい方向に導くことがどんどん難しくなってしまいます。非行集団のなかにすでに自分の居場所を見つけていたりして、そこを断ち切ることがとても難しかったりするのです。

年齢が低いうちの「事件」は、対応やかかわりの可能性が少なからずあると思います。（変な言い方をしますが）小さいうちに「事件」をおこしてくれるほうがありがたいのです。「事件」というのは、ある意味、その子どもの「表現」でもありますので、それを表に出してくれるほうがいい。抑え込まれることによって地下に潜りこんでしまったものは、見えない地中で増殖し、より高年齢になってからいきなり表面に出てきてしまいます。そのほうがよっぽど危険です。

では、幼少期にどのようにかかわればいいのでしょうか？　よく非行の「芽を摘む」という言い方がなされますが、これを、非行を恐れて「少しでも変な行動がみられたら注意をし、監視すること」と理解するなら、それは間違っていると私は思います。

一般に植物の「芽を摘む」のは、悪いものを摘み取ることが目的なのではなく、その植物全体をよりよく成長させるための行為だと思います。つまり、厳しく監視することや、注意をすること「だけ」をするのであれば、子どものこころは育たず、自らを律する気持ちもまた育ちません。**他者への思いやりや自らの行動に責任を持てるようなこころを育むためには、「厳しさ」と同時に「あたたかさ」をそそいであげることが大切**だと思うのです。そうすることで、子どもたちは、自分の葛藤や罪悪感をキープできるような「器」を形成することが可能になり、結果として、相手を傷つけたり、短絡的な方法によって自らを守ろうとはしなくなります。

では、「あたたかさ」をそそぐとは、どのようなことをいうのでしょうか?

問題行動をおこして気になる生徒がいるとして、その子どもを「恐れて」かかわらないようにするといった行動が、もっともその生徒を傷つけ、非行の道へと追い立てることになるように思います。**自分の存在そのものが否定されることほど人間にとってつらいことはありません**ので。

そういった無視《ネグレクト》する態度よりは、いつも大声でどなって注意をする、という態度のほうがまだましといえるかもしれません。少なくとも子どもへの「関心」が存在しますし、子どものほうもそれを感じていますから。ただ、こうした「叱る」やり方で矯正できる範囲を超えてしまいますと、「歯止め」がかけられなくなってしまいます。

前節で言いましたように、非行には「理由」があるのです。だから、「そんなことをしてはいけない!」と怒鳴る前に、その子どもが「なぜ」そう「せざるをえなかったのか」と問うことをしてみてほしいと思います。「なぜそんなことをしたのか」と言うときの「なぜ」にはさまざまな思いがこもっていますね。腹立たしく、叱りたい気持ち、どうしてそんなことをしてしまったのかと悲しくなる気持ち。それに加えて、この子がなぜこういう行動に走ったのかと冷静に尋ね、その子どもの気持ちを理解したいという気持ちを持っていただけたら……と思うのです。

ただ、こうした「関心を持ちつつ干渉はしない態度」（これを「見守る」と言うのですが）をもって生徒にかかわることはとても難しいと思います。なんとかしてあげようと必死になってかかわると、必ずと言っていいほど「裏切られた」と感じるもので、そうなるといきなり「もうどうでもいいや」と見捨てることになってしまいます。非行に走る子どもは、それなりのさまざまな家庭背景や環境要因などを抱えていることが多いのですから、ものを変形させるように、子どもを（たとえ「よい」と思われる方向であっても）変形させることはできないのです。

資源という見方

私が家庭裁判所の調査官の方たちから教えていただいたことで、大切にしている考え方があります。それは「資源」という見方です。

家庭裁判所に係属されることになるような子どもたちは、家庭環境にめぐまれず、親の養育環境に期待すべくもないといった場合が少なくありません。それを批判したり、嘆いたりしていても、埒があきません。「資源」というのは、「当該の子どもにかかわるすべての可能性」のことで、たとえば、「運動能力に優れている」とか、「所属しているサッカークラブのコーチがよくかかわってくれている」など、その子自身あるいはその子をめぐるすべての環境にある、肯定的なものです。それをできる限りたくさん見つけ出し、それを「資源」と考えて生かしていくのです。

どんなにたいへんな環境にいる子どもたちでも、なんらかの「資源」を持つものです。たいへんな環境に育っているからこそ、子どもたちはそういう「資源」を見つけ出すことに貪欲ですし、自分の母親から「おっぱい」が得られないのであれば、どこからでもそれを見つけて吸おうとするものです。それはときには「ずるがしこさ」につながることもありますが、自分ひとりで生きていく力のない幼い子どもがなんとしても生き抜いていこうとする行為と考えるなら、むしろそれは「したたかさ」という強さとして、これも「資源」と考えられるかもしれません。

最近は、必ずしも「非行」に至らないまでも、家庭環境に難しさを抱えた子どもたちが多くなり、この「資源」という考え方は、参考になると思います。ないものを嘆いていても仕方ありません。たとえわずかでも、あるいは、今は隠れているものでも、貪欲にこの「資源」を見つけ出していきたいものです。

学級崩壊

集団がまったくの秩序をもたず、カオスとなると、それは教師にとって恐怖を感じさせるようなものとなります。こういった状況の生徒たちの前に立たされた教師は、強い無力感に襲われ、精神的に追い詰められてしまうことも少なくありません。

自分の担当するクラスでこうしたことを体験するのはとてもつらいことですし、その対応も簡単ではありません。一言で言えるような「マニュアル」が存在するわけでもないと思いますので、(私ごとで恐縮ですが) ここでは、私自身の体験を少しご紹介しようと思います。

私自身は臨床心理士ですが、一方大学の教師でもありますので、「教師」として長年教壇に立ってきました。若い頃の話ですが、私は授業中の学生の私語にすごく悩まされました。私語にとどまらず、教室内での立ち歩きや勝手な出入りもあり、ときには、ヘッドホンで音楽を聞きながら友だち数人でトランプをしている、といったことすらありました。大講義室での授業でしたから、四〇〇人くらいの学生たちが騒然としており、マイクを使っても私の声が届きません。あるとき、「聞こえへん (聞こえない)」という声がしたので、「聞こえませんか?」と私が言うと、「あっ、こっちの話」と言われたことがありました (笑)。マイクの声がかき消されてしまうくらい、教室中がワイワイガヤガヤとうるさかったのです。この状況は、京都大学を除きますが（笑）、程度の差こそあれ、当時ほとんどの大学で生じていました。

「注意をすればいいじゃないか」と言われるかもしれません。「〝対決のない受容はない〟のだから、毅然と注意をしろ」と。もちろん注意もしましたが、それで静かになるのは、せいぜい五分です。「静かに！　静かに！」と言い続ける教員の声のほうがうるさい、と言っていた先生もいました。

もう注意をすることをあきらめてしまって、ずっと黒板に向かって授業をしている先生もいました。黒板は、だまって話を聞いてくれますからね（笑）。

まったく話を聞いていないのかというと、そうでもないらしい。「試験」とか「単位」という言葉を出すと、いきなり「し〜ん」とするのです。学生にとって授業は、まるで部屋の隅でテレビがついているかのようで、興味をひくようなことがあればちょっと注意を向けるもののようでした。

学生の気をひこうと、「心理ゲーム」のようなものをみつけてきてやったこともありました。たしかに、少しの間はその内容に興味を示すのですが、その後、「では……」と学問的な話をし始めると、前にも増してうるさくなり、収拾がつかなくなってしまいました。

静かになるまで待とう、と教室の前でだまって立っていたこともあります。一五分だまっていましたが、結局何も変わりませんん。あのときは、本当に悲しかったですね。私という存在がなくなってしまったかのように感じられましたから。

私はとことんまいってしまい、（就職したばかりではありましたが）「自分は大学の教師に向いていない、やめよう」と思い、恩師である河合隼雄先生のところに相談に行きました。先生は、私の話を聞いてくださり、「そやなぁ、たいへんやなぁ」と慰めてくださいました。そして、「今の学生はたいへんや。そやけどな、相手を好きにならんとな」と言われたのです。

「好き？　えっ？」と思いました。当時の私は学生のことを「敵」だと考えていました。何をやっても思いどおりにならず、どうすれば、「支配下」におけるかと考えていましたので、「好き」どころか「大っ嫌い」だというのが正直なところだったでしょう。

私は、「好きになる……好きになる……」と自問し、どうすればよいか考えました。まずしたのは、学生にアンケートをとることでした。「なぜ私語をするのか」「どういうときに私語をするのか」「どんな話をするのか」といったことを直接聞いてみようと思ったのです。その結果、私語は、「（友だちと）話をしたいから」「話をしたいと思うときに」「話したいことを」話すのだということでした（笑）。よくわからない結果でしたが、ひとつ明らかになったことがあります。回答のなかに、「この先生の話おもしろいねって話をする」というものがあったのです。そのとき私は「私の話がおもしろくないから私語をするというわけではないのだ」ということに気がつきました。それまで私語がつらかったのは、私の授業能力が劣っているせいだと考え、自分自身の無力感にさいなまれていた部分が大きかったので、「私のせいではないのだ」と思えたことは、（自分の無力感を刺激する）学生への敵意を減らすきっかけになりました。

さらに「相手を好きになる」にはどうすればよいか、といろいろ考えてみました。いろいろな方法があるのかもしれないのですが、私ができることは何かと考えたとき、それは「一対一で話すこと」でした。私は臨床心理学的なアプローチを学んできましたので、一対一で話をすることに慣れています。一人ひとりと話してみれば、好きになれるかもしれないと考えました。

そうは言っても、四〇〇人を超える大講義室で何ができるのか。私は毎授業後レポートを書いてもらい、すべてのレポートに私のコメントを書き、それを次の授業のときに学生に返すということをやりました。当時このような授業を四クラス持っていましたので、レポートの数は一〇〇〇枚を超えていました。それらのすべてに目を通し、（わずかではあっても）コメントを書き、提出者を名簿でチェックするという作業はたいへんで、すべての作業を終えるのに八時間ほどかかり、それを毎週やっていたのです（はぁ〜）。今はもうそんなエネルギーはないですね。若かったなぁと思います。

レポートを返すときに各学生の名前を呼びます。その際、「もし私の名前の読み方が違っていたら、必ず訂正してね」と頼みました。一人ひとりが教室の前まで自分のレポートを取りに来るので、少しずつではありましたが、名前と顔が一致するようになってきました（このレポート返却だけで三〇分くらいかかります。その間、学生さんたちは、いつものようにワイワイガヤガヤ話をしています）。

手紙のやり取りのような要素もありますので、レポートの課題以外にも自分のことを少しずつ書いてくれるような学生も出てくるようになりました。そんななかで、今まで見えていなかった学生さんたちの内面が見えてくるようになりました。一番印象的だったのは、学生さんたちが感じている（常に否定されてきた）無力感のようなものでした。何をやってもだめだと言われる、思い切って「表現」したとしてもそれが否定される、といった体験を繰り返してきており、そうなると、もう自分を前に出して表現しようとはしなくなるだろうなと感じたのです。

授業のやり方も徹底して工夫しました。ぼぉ〜っと聞いているだけの授業はせず、たえず何かの作業をする、あるいは、授業内容の見出しだけを印刷したプリントを用意して、ひたすら板書させて提出、それに「よくできました◎」などという「スタンプ」を押して返していました。「そんなものは大学の授業じゃない」と言われるかもしれませんが、幸い私の専門は心理学でしたので、「学生のこころが育つ」、特に「自己を知り、表現をする」ということを目標にすると考えて、思いつくことはなんでもしていました。

「発達心理学」の授業では、零歳から死ぬまでの自分をたどることを目的として、たとえば零歳については「赤ちゃんレポート」を書いてもらいました。自分の出産時のデータや状態を親に聞いてきてもらうのです。「あらためて自分がこの世にうまれてきてよかったと感じた」と書いた学生もいました（ただし、こういう授業はいつもリスクがともないますので、細心の注意が必要です。親がいなかったり離婚したりしている学生もたくさんいますから、そういった学生への配慮がいります。親に情報を聞いたことで、よけいに傷つく体験をする子もいます。ただ、「往復書簡」のようなレポートの場合、そうしたこともレポートに書いてくれますので、こちらもフォローすることができるのは、よかったように思います）。

「精神の科学」という授業では、二ヵ月間ほどかけて（夜みる）「夢」の実習をしました。自分の「夢」を記録してもらって報告してもらい、それに私がコメントを書いて返すのです。「夢」は慎重に扱わないと現実生活に支障を及ぼしたり、侵襲的になる危険性があるので、慎重にプログラムを組み立てました。一番まいったのは、学生さんの多くの夢を一度に読んだ夜、「夢が『ユメ、ユメ、ユメ』と押し寄せてくる」という夢をみてうなされて眠れなかったことです（笑）。夢というのは生きているのだと実感させられました。

こんなことを続けているうちに、秋になると学生さんたちはすっかり静かになりました。またその頃になると、学生さんへの私の気持ちもいつのまにかすっかり変わっていたのです。**集団の秩序を取り戻したいとき、ものを整理するように「支配」するのではなく、「関係」をつけることが大事なのではないか、シンプルに言うと、「相手を好きになる」ことが重要ではないか、**というのが、自分の体験から私が学んだことでした。「指導力」がいるとよく言われますが、これは、相手を支配する力ということではなく、相手とつながる力なのではないかと私は思ったのです。

ところで、学生さんたちは秋になって静かに聴くようになったわけですが、四月になるとまた新しい学生さんが入ってきて、またまた「一からやり直し」でした。こんなことを一〇年以上続けましたが、このやり方がベストだと言う気はありません。どんなやり方にもデメリットがありますし、また、自分に合わないやり方はしてはいけないと思います。特に授業の工夫というのは、借り物ではだめで、「ヒント」としてもらうのはいいのですが、あくまで自分のこころを使って探す必要があると思います。

また、「相性」というものもたしかにありますし、「自分の状態」というものも関係してきます。たとえば私は、今話したようなやり方を現在はもうできないと思います。体力も時間もないのです。そういうときには無理をする必要はないですし、学校現場の場合「チーム」の力を借りることも助けになると思います。大切なことは、「一つの考え」（たとえば、よい教師にならなければ……、生徒に言うことを聞かせなくては……、自分ががんばらねば……）にしばられないことです。

教師はたった一人で教室の前に立っているのではありません。授業を自分一人ですべて作っていくのではなく、**少なくとも半分は生徒が作ってくれる**のです。いかにしてその「信頼」を作るか、それば、生徒への「信頼」であり、同時に自分自身への「信頼」だと思います。

いじめ

学校現場における「こころ」にかかわる問題はどれも一筋縄ではいかず、それらへの対応にはこころのエネルギーを必要とし、「一発解決」はないわけですが、なかでも「いじめ」は、とくにアプローチが難しいものだと思います。

もちろんいじめは絶対に許されないものですし、これは「撲滅」しなくてはなりません。

しかし、いじめは人間のこころの深くに宿る「根」を持っていて、そう簡単に根絶やしすることができないように思うのです。「解決」を焦るあまり、表面に見えている部分だけを刈り取って「一件落着」と喜んでいると、地中で残った「根」がはびこっているということもあり得ます。

今回どれほどお話しできるかわかりませんが、いじめに関して、その「予防」と「対応」について、述べてみたいと思います。

予防

いじめは、予防が第一だと思います。いじめがおこったと言って急に騒ぎ立てるのではなく、いじめの「芽」が出る前にはすでに地中に根が存在しているのですから、それを育てないような土壌をつくることがもっとも大切ではないでしょうか。

しかし、この「土壌づくり」ほど時間がかかり、多くの要因が絡むものもないように思います。まず、第一に「子ども自身」を育てることが必要です。人の痛みを感じることができる共感能力、自分をコントロールできる能力、腹がたったり嫉妬を感じたりする欲求不満場面から立ち直る能力など、人間関係を維持するための能力を育まねばなりません。また、「家庭」の力が大きいことは言うまでもないでしょう。子どもを抱える環境として、家庭のみならず、「学校」を整えることも必須と言えます。この「環境」という視点からみると、子どもや家庭、学校を抱える環境である「社会」もまたいじめを引き起こす土壌として働いていることは言うまでもありません。

つまり、いじめは、単にいじめの加害者である当人だけではなく、私たちをとりまくすべてのことが絡んでいるのであり、そのなかには、自分自身が入っていることを忘れてはならないように思います。

いじめを体験した人は、年齢を重ねてもその傷が痛み、繰り返しその痛みを語ります。しかし、では、いじめをした人のほうはそれと同様に、いじめた事実を記憶していたり、繰り返し思いだすでしょうか？　たぶん、答えはノーでしょう。多くの場合、いじめた側はその自覚がなかったり、少なくとも「過去のこと」として消え去っているように思うのです。

いじめをほんとうに理解するためには、誰でもがいじめの「加害者」になりうることを自覚する必要があるのではないでしょうか？　他人事として「いじめ撲滅」というスローガンを叫んでいても、私たち（すべての）こころの奥深くに根付くいじめの「根本」に触れることは難しいように思います。

すでにお話ししましたように、教室のなかで目立つ子ども、対応に苦慮する子どものことを「この子さえいなければいいのに」と教師が思っていたとすると、生徒はまるで鏡のようにこの教師のこころを映します。こうした「排除」の気持ちは、いじめを生み出す土壌から立ち上る煙のようなものです。多くの子どもがこの煙を吸って、それがいじめへとつながっていくのだと思います。

つまり、いじめをする「加害者」としての子どもがいて、その子を糾弾したり、排除すればいいというものではなく、子どもにかかわる大人はみな、自らがそうした、いじめにつながるような心性にとりこまれていないか、胸に手を当ててみる必要があるように思います（こうして話している私自身も、みずからに問わなくてはなりません）。

こうした、痛みをともなう、根気強い作業を経て初めて、いじめをうまない「土壌」が醸し出されるように思います。とても時間をともなう作業だと思いますが、今回私がお話ししていることはすべて、この作業につながることだと、私としては考えています。

対応

さて、不幸にしていじめがおこってしまっているときの対応について考えてみましょう。

文部科学省は『学校におけるいじめ問題に関する基本的認識と取組のポイント』という通達を出していて、いじめをどう考えるか、どのような取り組みがのぞましいか書いています。「実効性ある指導体制の確立」など、それができたらいいだろうなぁという内容なのですが、いじめの場合、現場における実際の対応となるといろいろ難しいことが生じます。今回のお話では、その「難しさ」を検討したうえで、「対応」を考えてみたいと思います。

①境界のなさ

いじめはいろいろな面で境界がなく、そのことが対応の難しさを生んでいるように思います。たとえば、いじめているのか、遊んでいるのか、その区別がつけがたい。いじめられている本人すら、「プロレスごっこをしていた」と言い、自分はいじめられていたのではない、と思う（あるいは思い込もうとする）ことが多いのです。このために、いじめなのかそうでないのか、はっきりとせず、介入が遅れるということがあり得ます。

また、いじめの加害者と被害者との間も明確に区別があるわけではありません。いじめられた経験を持つものがその苦い思い出から、自分の身を守るために加害者の側に立つことも少なくありません。だとすると、いじめの加害者を「犯人」として糾弾するという単純な方法では対応できないということになります。

また、いじめにおいては、加害者と被害者だけがいるのではなく、それを取り巻き、なんらかの反応をしたグループがいます。いじめに加担したがそれほど深入りしなかった、見て見ぬふりをした、いじめを受けている側についたら今度は自分がいじめられた、などなど。

いじめは、単に加害者を見つけてそれを罰し、一人の被害者をサポートするといったものではないのです。

はっきりとした区別がつけ難いことからくるいじめ対応の困難さについて、だからと言って、何がいじめかそうでないのかと定義づけようとするのは不毛だと思います。

だからこそ、最近のいじめ対応においては、いじめかどうかの判断を下すことよりは、本人がつらいと感じていれば、そのことをまず大切に考えるようになっています。

また、いじめなのか遊びの範囲内なのかということも、明確に線を引けるわけではありません。まわりが本当に遊んでいるつもりであっても、当人にとって苦痛以外の何ものでもないということも十分あり得ます。そのために、教師が「これはただの子どもの遊びだ」と考えて、いじめを見逃してしまう可能性もあります。

なんであれ、（いじめであってもなくても）**子どもがつらいと感じている気持ちに気づくことがもっとも大切**だということになります。

②助けを求めないこと

子どもがつらいと感じている気持ちをまわりが知ることがもっとも大切なんですが、ここでまた難しい問題があります。それは、いじめられている子ども自身が助けを求めないことです。いじめられていても、自分が（意識的、無意識的に）いじめられてはいないと主張することもありますし、いじめと認識していてもそれを訴えず、隠していることが多いものです。だから、「子どもが訴えてはこない」ということでいじめが「ない」と判断してはいけません。では、なぜ訴えてこないのか、また、そういう状況のなかでどのようにすれば子どものサインに気がつけるのか、そのことについて、お話ししたいと思います。

私は、「人質説」という考えをもっています（「なんとか説」ばかりですね（笑））。銀行強盗がおきて、犯人が人質をとったとしましょう。しかし、犯人が誰かはっきりしていない。警察が踏み込んできて、人質になっている人に「さぁ、早く逃げましょう。犯人が誰か教えてください！」と言ったとする。人質になっている人は、言われるようにさっさと犯人が誰か言って逃げ出したいところなんですが、実は犯人が他の人にはわからないように、自分の背中にナイフをつきつけているのです。だから、本当のことを言ったら、即刺されてしまう恐怖があります。そんな状態の人に「さっさと本当のことを言う」などと言うのは無理なことだとわかっていただけるでしょうか？

いじめにあっている子ども（大人だってそうだと思います）は、こんな心理状態ではないかと私は想像しています。助けてほしい、いやだという気持ちがあったとしても、それをそのまま外に出していうことなどできないのです（自分自身に対してさえ、それを認めることが難しい場合がよくあるように思います)。

こうした状態にある子どもたちは、むしろいつもよりも元気な状態を人に見せます。人が**本当につらいときというのは、簡単に人に相談できないし、むしろ笑顔を見せたりする**ものなのです(少しずつ重荷が減ってきて初めて、人に相談できるようになるし、つらそうな表情をみせることができるように思います)。

では、どのようにして子どものサインを読み取ることができるのでしょうか?

私は、**身体の状態に注目することがひとつの手段**かと思っています。平気そうな顔をしている子どもたちも、体重がどんどん減っていったり、けがやあざができていたりするように思います。また、**身体は自分自身のもっとも近くにいる味方であり、また、身体はうそをつけない**からです。また、まわりも受け取りやすい。いくら人質になっていて、ナイフをつきつけられていても、身体のサインは強盗にも見逃してもらえるように思うのです。

だから、私たちはこのサインを見逃してはなりません。いじめを受けていたり、とてもつらいとき、人はかならずどこかでサインを出しています。

そして、このサインをだしやすいような「関係」をふだんから作っておくことが、いざというときの「対応」においてもっとも役立つのです。

③加害者への対応

加害者への対応は、何が悪かったのか明確に示して反省させることが大事と考えられる方も多いと思います。たしかにそうだし、間違いはないのですが、これを実際に受け取らせることがとても難しいのです。加害者への「ケア」というと、抵抗を示される方もおられます。加害者にはともかく厳しく接して、罰するべきと思われる方もおられるかもしれません。

私は家庭裁判所の調査官の方たちとのかかわりが長く、多くの少年事件の事例を聞いてきました。家裁では少年を「罰する」というよりは「更生」をめざしますので、加害少年に対する対応は「ケア」という方向性に近い対応がとられます。これを「被害にあった人たちのことを思ったら、甘い！」とみなす意見があることも事実です。

しかし、被害にあった人たちが、はたして、加害少年を「死刑」にしたり、もう世の中に出てこられなくしたら、すっきりされるでしょうか？　もっとも大切なことは、加害少年が、自分のやったことがどのようなことだったのか、相手がどのような気持ちになったのかをこころから、あるいは身をもって「わかる」ことではないかと思います。

そしてそのためには、それを感じることが可能になるようなこころの「器」を作ることが必要なのだと思います。

いじめや事件が発覚したときだけ厳しくかかわるというやり方では、加害児童や少年が

「嵐が過ぎるのを待つ」という態度になるだけで、根本的な解決にはならないと思います。人を傷つけることやいじめること、その行為や内容は厳しく罰することが大事だと思いますが、それと同時に自分のやったことを受け止める「器」を形成させるためには、継続的な「ケア」が必要だと、私は考えています。

いじめへの対応はとても難しく、時間もかかり、多面的な視点からのアプローチが必要です。そのため、一人ですべてを「解決」することはできません。

子どもとのルートを作るという、「線」のアプローチとともに、チームで受け皿を作るという「面」のアプローチ、さらには、それを時間的に継続する「空間」のアプローチが必要だと思います。

いじめのことは、いつになってもうまくお話しできたような気がしません。本当に難しいことなのだと思います。しかし、だからこそ、この問題から目をそむけず、いつか「このごろいじめのことがあまり話題にならなくなったなぁ」という時代がくることをこころから願いたいと思います。

2 教師集団のなかでのしんどさ

次に「お困りごと」の第三位。

第三位は、同僚や管理職との関係など、「教師集団のなかでのしんどさ」です。これが「生徒理解」をおさえて上位にくるんです（会場、微妙な笑い）。「学校へ行って、教室で生徒とすごす時間が一番楽」とおっしゃる先生方もいらっしゃいます。私も、そのお気持ちはよーくわかります（笑）。

ですので、次にこの教師集団のなかでのしんどさについてお話ししたいと思います。

立場の異なる先生方とのつきあい方

養護教諭と担任

特に養護の先生方は、担任の先生方などとつきあっていかれるのはたいへんだと思います。

援助職とよばれる仕事についておられる方は、人のためにいっしょうけんめいになろうという気持ちの方が多いですから、そうなるとおこってくるのが、「私が」なんとかしたいという気持ちです。「あの先生の前ではこころを開いているのにどうして私には違うのか」とか、そういう嫉妬の気持ちがおきたりもします。

私の仕事にもそういうところがありまして、長年お会いしているクライエントさんが「昨日○○先生の講演を聞いて、私は初めてこころが明るくなりました」と言われるときがあるんです。それを聞くと、「よかったですね」とか言いつつ、なんだか複雑な気持ちがしてしまいます。よい変化がおきたのは、これまでの私との関係があったからだとか慰めることにしていますが（笑）。でもね、別に私がしなくてもいいわけでしょう。誰によってでもいいし、最終的にはそのご本人さんが自分で変わられるんですよね。この「私が」という気持ちがトラブルの元になっていることがあります。

代理戦争

それから、養護の先生と担任の先生、お二人がかかわっている生徒が、お二人をうまく使い分けているときがあります。つまり生徒自身のこころのなかの葛藤を、A先生とB先生に分けて、（無意識的に）A先生とB先生が喧嘩をするようにやっているときがあるのです。

たとえば、リストカットをしている子がいたとしましょう。養護の先生のところへ行っては長時間話し込み、傷の手当てをしてもらう。養護の先生は、その子のことがとても心配で、家庭の事情もわかっているので、自傷をする気持ちも理解できる。一方、担任の先生の前ではむしろ大人びた態度で、しっかりしているようにみえる。ただ、こころを開いているとは思えない。

こんなとき、養護の先生は、その生徒との「つながり」に自信を持つものの、担任の先生の「冷たい」目が気になるし、担任の先生の生徒への接し方にも不満がつのります。ただ、ご自分のかかわりに確実な自信を持っておられるかというと、必ずしもそうではなくて、エスカレートしていく自傷行為をみていると、はたして、このまま自分のかかわり方を続けていっていいのか、不安にもなります。甘やかしているだけではないか……と。

一方、担任の先生のほうは、養護教諭をみているとイライラします。生徒本人は結構しっかりしているのに、養護教諭が「甘やかす」ことで、その「弱さ」を助長しているように思えるのです。

担任の先生のこころのなかでは、その生徒が自分にこころを開いてくれないことがトゲのようにささっていて、チクチクと痛んでいます。自分のかかわり方がよくないのかもしれないと思っていて、そのため、その生徒と養護教諭とが親しく、にこやかに話し込んでいる姿を見ると、こころがざわついてしまうのです。

実は、この養護教諭と担任の先生は、その生徒のこころのなかにある、二つの対立する要素なのです。つまり、この生徒には、担任の先生（と接するときに出るような自分）と養護の先生（と接するときに出るような自分）という、〝二人の自分〟があって、その〝二人の自分〟を自分のこころのなかで統合できずにいます。そして、それを自分のなかで「葛藤」としてもちこたえることもできずに、養護の先生と担任の先生とで「代理戦争」をさせているのです。

大人は子どもにいくらでも踊らされます。踊らされるときには、実はその子どものこころの葛藤を引き受けさせられているのではないかなというふうな見方も有効です。そういうふうにしていましたら、ストレートに養護の先生に腹が立ったり、担任の先生に腹が立ったりすることが減りますので、一度そういうふうに考えていただければ、とも思います。

学校時代劇説

「甘い」と言う先生がいますよね。「養護の先生は甘い。あんなことをしていたらダメだ」。あるいは一方で養護の先生から見たら、「担任の先生はダメだ、変なことばかり言っている」とかいう人がいますけれども、お互いがお互いにそういう「役割」を背負っていただいているというふうに思えばどうでしょう。

全員がやさしい先生集団というのは異様です。きつく怒ったりとか、「なんだ、こいつは」とか言ってくれる先生がいるから自分は優しくできるんです。つまり子どもに接するのにさまざまな役割分業をしているわけで、「なんだこいつは」と言っている先生がいてくれてこそ、自分は温かくいい役ができます。「悪代官」みたいなのをやってくれる先生がいるわけでしょう、「○○屋、おまえもワルじゃのう」みたいな代官(笑)。この人がいるので、自分は「水戸黄門」になれます。これが「学校時代劇説」です(笑)。こういう「悪代官」がいて、ありがたやと思っていただけるといいかと思いますよ。ただ、そういう先生はたいていご自分の役割に気がついていらっしゃいませんけれどね。

いやだなと思う、あるいは受け入れることが難しい同僚とのつきあい方

これまで言ってきましたように、そういう人たちは、「多様性」という意味ではエネルギーを与えてくれる存在です。でも、ちょっとそれだけでは受け入れることが難しい場合があると思います。そこで、「影」という考え方について、話をしておきます。これがかかわりのヒントになるといいのですが。

影について

誰でも自分のなかに、自分にとって苦手だったり、あるいは折り合いがつかなかったりする部分をもっています。これが「影」と言われるもので、誰にでも「影」の部分があります。「影」にもいろいろありますが、ご自分の「人格の影」というのがあります。これは前回にもお話ししましたが、「同性で、虫が好かないという人」というのを思い浮かべていただきますと、それが自分の影のイメージなんです。

理屈ではなくて、とにかくイライラさせられたり折り合いがつかないという人であったりします。同僚にそういう人がいたり、クラスのなかでもそういう生徒がいます。ご兄弟姉妹がそうだという場合もあります。

これも、私は自分の例で挙げるしかないので言いますが、私は芸能人のMが嫌いなんです(これは前回お話ししましたね。このことだけ、すごくよく覚えておられる方もいます(笑))。嫌いなんだけれども、絶対目が離せなくて、週刊誌なんかでも記事があったら必ずチェックしますし、何かしらよく知っているんです。その人が出ているドラマは必ず見ますしね。そういう状態で、理屈ではないんですが、いやなんです。

いやな人が見つかったら、どこがいやか、どういうところがいやかということをちょっと考えます。「影」というのは自分の無意識のうちにある、〝自分自身はこうは生きたくない〟

と考えているような部分です。自分のなかでは認めたくないので、「自分にもそういうところがある」とは気づきませんが、他の人のなかにそれを見つけます（これを〝影を投げる〟つまり「投影」と言います）。

だから、人のことをすごく批判している人、たとえば「あの人は男の人と女の人では全然態度が違う。だから、私ああいう女性大嫌い！」と言っている人に限って、男の人が来たら、「あら、こんにちは♡」とか言って声が違うというタイプ。そういうふうに、実は自分の内にある影の部分というのは、他人に投影されて見えるのです。同じような部分が私のなかにある。自分のなかにあるから、他の人に反応するわけです。何も関係なかったら反応しないわけですからね。

影の統合

次に、「影」についてどう対応したほうがいいのかということをお話しします。まず、（影が）「あることを認めること」と言われています。あることを認める。そして「これを統合する」と言われているんです。統合するということは、「自分のなかにそういう『影』の部分があることを受け入れることによって、自分というものがさらに大きくなると考えられています」と本にはよく書かれていますが、できませんね（笑）。そんなに簡単にはできるものではありません。なので、そういう、他の人のもっているいやな部分が、自分にもあることを認めるだけでも結構です。「影」というものは逃げようとすると追いかけてきますので、ちょっと立ち止まって見ることが大切なんです。

自分となんらかの関係性をみる

だからみなさんの場合でしたら、クラスのなかで「ちょっとこの子はどうしても苦手」という子どもさんとか、あるいは親御さん、あるいは同僚の方については、どこか自分のなかに共通するものがあるのではないかと考えてみてください。だから同じようになれというわけではありません。だけど、まったく自分と無関係で、「腹が立つだけ」というのではなくて、自分と何らかの関係性をみるということは、実はすごく面白いことです。そういう人、あるいはそういう子どもというものは、自分にとって一番多くのものを教えてくれる存在でもあるからです。

ただし、繰り返しますが、統合ということは難しいことですし、そんなに無理なさる必要はありません。ずっと嫌いで結構です。私という存在をそのままにして、違う側面を入れ込むということになりますと、とっても難しいんです。自分自身をひっくり返すことが大事なのではありませんからね。だから非常にたいへんなことですから、無理なさる必要はありません。ただ、こういう観点をちょっと入れられることによって、しんどい関係を見直されるというのもいいかなとは思います。

なんとか学校の雰囲気を変え、教職員が同じ気持ちで生徒への対応にあたれるようにしたい

「学校」といっても、実際には校舎を指すのではなく、そこで働いていたり、学んでいる、教職員と児童生徒がその中身です。つまり、「学校」もまた「人間」によって成り立っていて、学校全体を一人の人間のように考えてみることができるように思います。

なので、学校にもいろいろな人（部分）があり、お互いに対立したり同調したりしながら、自律性をもった存在として、日々動いていると考えてみるのはどうでしょう？

「学校時代劇説」で言いましたように、なかには〝悪代官〟もいれば〝水戸黄門〟もいて、一様ではないところが、学校の特徴のように思います。つまり、「いろんな先生がいる」ということです。

ただ、じゃあなんでもいい、放っておけばよい、というものでもないでしょう。歪みもあると思いますし、「いくらなんでも……」と思えるような教師がいたり、とても雰囲気が悪

い学校もあって、それをなんとかしたいと思われることもあると思います。

しかし、そういう学校全体の「病」を一人の身に受けることは危険でもあります。「学校」という重い存在を一身に引き受けてしまうと、身体をこわしたり、精神的にまいってしまったりしがちなように思うのです。学校全体の雰囲気については、管理職が果たす役割も大きいようです。私は、いろんな学校を訪問していますが、学校は一校一校すべて違っていて、その「個性」を作り出すのに、管理職の先生方が果たしておられる役割は大きいなーと思わせられたことも、たびたびです。

しかし、管理職といえども、「学校」を動かし、運営していくのは容易ではありません。管理職の先生方もまた、あまりに無理をされると身体をこわしてしまわれます。学校というところは、毎日忙しいし、次々といろんな問題がおきてくるし、思い通りにはいかないし、と本当にたいへんなんだなぁと思います。

私がスクールカウンセラーに入ったときに思ったのは、「**自分の左にいる人と、右にいる人にかかわろう**」ということでした。学校全体を動かそうとか変えようとかするのではなく、自分が話のできる、あるいは自分の話をわかってくれるすぐそばにいる人とまずかかわることを考えました。

「左の人」と「右の人」に話をすれば、その人たちがまた隣の人に話をしてくれるでしょう。そうやって少しずつひろげていくこと。一気に変えようとしたり、一つの色に染めようとすることは、それがたとえ「よいこと」であったとしても、「危険」なことだと私は考えています。

学校というところは、思いどおりにならず、たいへんな存在でもありますが、それゆえにおもしろく、いろいろな可能性を秘めているように思うのです。

3　保護者への対応

　では続けて「お困りごと」第二位。これは「保護者への対応」です。「保護者への対応」の「お困り」度は高く、そしてその度合いはますます上がってきているように思います。そこでここでは、具体的な実践例もまじえながら、この問題について考えてみようと思います。

保護者にどう対応するか

「親御さんとの対応で納得できないところがあって腹が立ってたり、あるいはうまく対応できなかったりして、困っています。どうすればいいですか」という質問をよく受けます。

　まず、先生方はどうしても子どもさんを中心に考えられることが多いと思います。そのため、周囲の人は助けてくれることが当然と思います。つまり、子どものまわりにいる人は完璧に対応してくれるはず！　と思い込み、それを期待するわけです。

　先生は、子どもさんをなんとかしたいと思うあまり、保護者に対して、この子にいちばんいい対応をしてほしいと願って期待されますので、それに対して「ちゃんとできていない」と思って失望感が増すことが結構あります。

子どもさんがなんらかの症状を出しておられたり、不登校になっておられる場合は、親御さんも同じようにしんどくなっておられるのだというところを出発点にしてください。「二人とも抱える」という発想でなくてはなりません。

実はこれはみなさん、先生方でありかつ親御さんの方が多いでしょうし、おわかりになられると思いますけれども、親御さんの立場からすると今度は逆に先生が完璧に対応することを期待されているんです。みなさんもそうでしょうけれども、(よくわかっているので余計に)(笑)、「この子にとってきちんとした先生であってほしい」というところが出発点になって「あの先生にだけは担任してほしくない」とか思われることがあったりすると思うんですがしまって、「こうしてくれない、ああしてくれない」というところが出てきてしまいます。こういう状態では、教師と保護者が協力して子どもに対応するための「同盟」が作れません。ですので、親がきちんと対応してくれて当然だと考えるのではなく、親もまた子どもと同じようなしんどい世界にいると考えて、二人をいっしょに抱えるという発想を持っていただくことが、まずは出発点かと思います。

次に「抱える」といっても、どうしても親が「変なこと」を言うので、「抱える」ことが難しい場合もあると思います。たとえば、「子どもを見るとイライラする。だから口も出すし、手も出る。そうすると、すっきりするんです」という母親の語りを聞くと、「それはよくない。変だ」と思われるかもしれませんね。そのときに「変だ」ということを指摘して相手を変えようとなさらないこと。**変だなと思われるときは、「なぜこの人がそうならざるを得ないかを聴く」というところから出発する**べきです。

たとえば、私が今日ここへ来るときに、羽根のいっぱいついた変な帽子をかぶってきたとしましょう。「うわっ、変な先生やわ、やっぱり京大の先生って何か変なんやわ」と思われますよね（笑）。で、そのまま終わってしまったらとても悲しいわけです。私は「変な人」確定です（笑）。しかし、そのときにどなたかが、「先生、どうしてそんな変な帽子をかぶっているのですか」と訊いてくださったら、たとえば、ですが「実は大学の先生は赤い羽根共同募金の後、こういう帽子をかぶることになっているんです」という説明をして、「あっ、そうなんだ」とわかってもらえますよね。そういうチャンスを与えてください。

だから保護者の方が「変だ」と思えることを言ったりしたりしておられても、そのときに決めつけて「あんなお母さんだからこうなるんだ、やっぱりな」ではなくて、なぜそのお母さんはそうならざるを得なかったのかということを、お母さんが語るチャンスを与える。あるいは決めつけずに少し待つということがまず大事かと思います。そこが出発点です。

だから子どものために「お母さん早くなんとかしてくださいよ」ではダメです。かつ、「この親御さんのこの対応さえ変えさせればなんとかなる」ではダメです。やはりお母さんも一人の人間ですから、「人」として話を聴いていってあげる。子どものための「道具」ではないのです。だから、「変だな」と思うことについても、ちょっとそのままにしておいて、変は変ですけれども、ちょっと待ってみます。誰でも、なんの理由もなく変なことをする人はいないんです。必ず理由がありますので、謎が解けるまではイライラしたりはしないということが大事かと思います。

つながりにくい親とのかかわり

不登校の生徒について、「その子の家庭を変えるために、どういうふうに親とかかわればいいですか」という質問をいただくことがあります。

家庭を変えてはいけません。これは家庭を「もの」にするのと同じですからね。家庭が勝手に変わることはありますが、教師が「変える」ことはできないのです。だから待たなくてはなりません。

これはすでに一度お話ししましたが、こういう、こころの問題の変化に関する単位は、日とか週とか月ではありません。年です。最低でも一年。だからそのうちみなさん、担任が替わりますので、そんなにあくせくしないでください。ちょうどいいぐらいで替わりますので（笑）。それぐらいのテンポだと思っておいてください。風邪とかだったら、一週間とかで変わりますけれども、こころの単位は一年です。一年経てば何か変化があったりします。

ただ、こんなに「待て、待て」と言われても、困ってしまわれるのではないでしょうか。「相手に期待してはいけない」「変えてはいけない」「待つように」ばかり言われて、じゃあどうすればいいんだ！　と思われませんか（会場、うなずく）。

研究実践報告より

イライラせずに待てるためにはどうすればいいか。待つだけではなく、何か少しでもできることはないのかということについて考えてみましょう。

それは、①保護者との対応においておこりがちなことを知りその仕組みを理解すること。②うまくいった対応を参考とすること、のように思います。

それを考えるために、京都市で、京都市立中学校教育研究会教育相談部会が、「学校とつながりにくい子どもと保護者へのかかわり」という研究報告を出されました（二〇一三年三月）ので、その中身を少しご紹介したいと思います。

まず、**「最近、保護者との対応で〝つながりにくさ〟を感じたことはありますか?」**というのが質問1なんですけど、中学校七三校、総合支援学校六校の教育相談主任からの回答のうち、「はい」が三七校で、「いいえ」が一〇校です。ですので、多くの学校で〝つながりにくさ〟を感じている。それから質問2なんですけど、**「今までに経験しなかった〝つながりにくさ〟を保護者に感じることはありますか?」**で、これも「はい」のほうが多い。それから、**「学校への〝つながりにくさ〟を保護者に感じることが増えていますか?」**というのが質問3で、これも三七校が「はい」です。つまり、保護者に対して〝つながりにくい〟、クレーマーも含めて、難しいと感じておられる方が多いんです（次頁図1参照）。

図2のグラフは、つながりにくさを感じるかどうかを、教師歴が一五年までの人と一六年以上の人に分けて、調べてみた結果です。そうしたら、一五年までの人はそんなに変わらないんですけど、一六年以上お勤めの方は、保護者とのかかわりの感じが変わってきた、と答えている。どう変わってきたか。

この調査では、LD、不登校など、子どもが抱えている課題別に、親への対応の難しさを聞いています。すると、「不登校の子ども」や「子どもの問題行動」をかかえる保護者にくらべて、「LD等支援の必要な子ども」の場合は、「保護者との連絡がとりづらい」という回

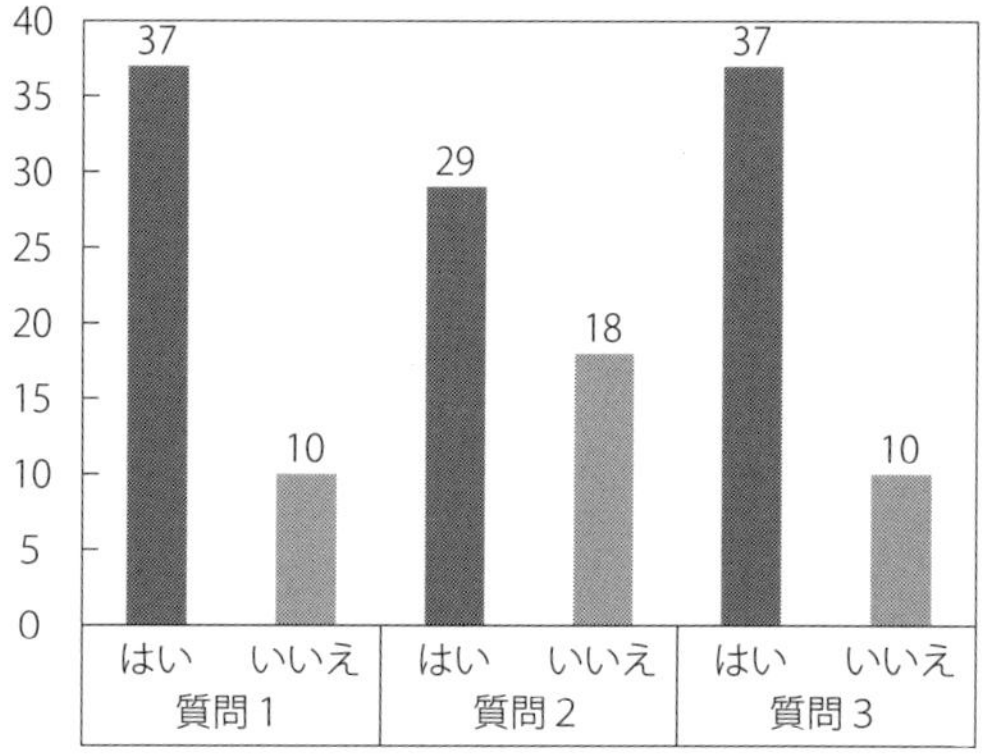

図１　保護者とのつながりにくさについて

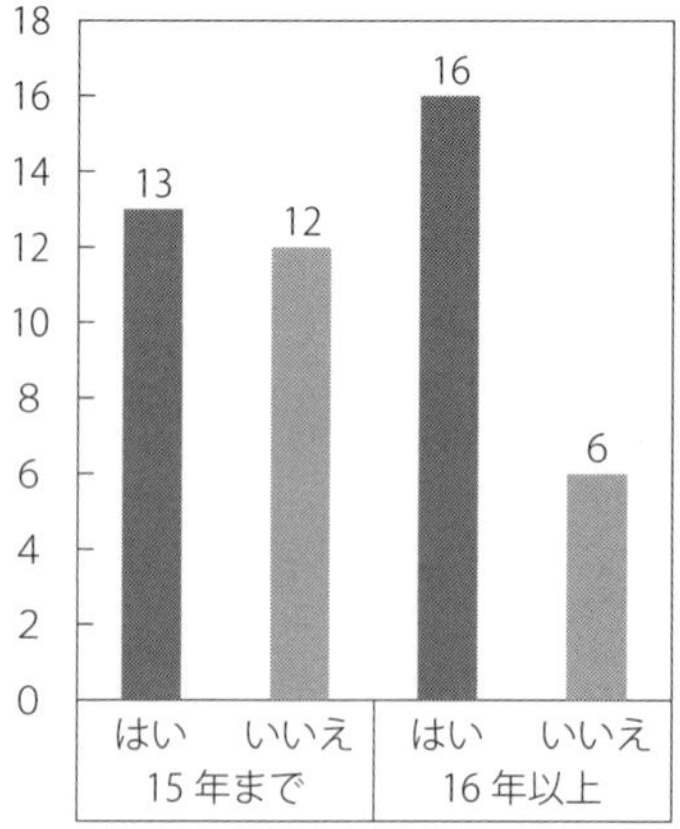

図２　質問２への若手と中堅以上の回答

質問１　最近、保護者との対応で"つながりにくさ"を感じたことはありますか？

質問２　今までに経験しなかった "つながりにくさ" を保護者に感じることはありますか？

質問３　学校への "つながりにくさ" を保護者に感じることが増えていますか？

答が少なくなっていました。報告書では、「不登校や問題行動の場合と違って、ＬＤ等支援を必要とする生徒の保護者は、学校と連絡をとりあい、自分の子どもの状況をわかってほしい、積極的に支援をしてほしいという思いが強いからではないでしょうか」と指摘されています。逆に〝不登校〟や〝問題行動〟など、いわゆる心理的なものがからんでいる場合は、保護者と連絡がとりづらくなり、つながりをつけることが難しいケースが多いということかもしれません。

この報告書のなかで、すごくよかったなと思ったのは、うまくいった例を聞いておられることです。「**学校への〝つながりにくさ〟を感じる保護者への対応で、効果のあった取り組みの例があれば教えてください**」という質問があったんです。そのなかでいくつか挙がってきたものがあります。それをこれから紹介したいと思います。

まず「**地道な家庭訪問**」。結論から言いますと、つながりというものは〝時間〟と〝空間〟と両方の側面で作っておく必要があります。〝時間〟というのは、ものごとがおこってからではなくて、ものごとがおこる前、ふだんから関係を作っておくことです。「**地道な家庭訪問を頻繁にすることで、保護者との信頼関係を築く取り組みを実施した**」とか。そういうかかわりでうまくいったという感じをもっておられるのです。一方、多くの先生は問題がおきてから、保護者と関係をもたれます。そうすると保護者には注意しに行ったり、問題を報告しに行ったりしますよね。そうすると、保護者は電話に出ないようになってしまうのです。学校からかかってくる電話は、怒られるか、よくない話に決まっているからです。ですので、問題がおきてからではなく、おきる前に関係を作っておくという発想のほうがいいんです。なかなかできないかもしれないけれど、問題がおきてからでは、関係を築こうとしてもなかなか難しいと思います。

それから次に、**「保護者とのコミュニケーションの工夫」**ですけど、**「直面している課題やおこった事象だけをとりあげるだけではなくて、卒業後の人生も視野に入れて、生徒自身どうなってほしいか、どのような大人になって世に出てほしいかを保護者に問いかけたところ効果があった」**という回答がありました。これも、「今という〝時〟」を超えた広い視野に立ったつながりですね。学校の先生としては、その問題を早く解決したいという発想がありますので、「今なんとか」というふうに思います。けれども、「子ども」を中心に置いてみると、保護者と先生は共通の地盤に立つことができるし、「その子の将来に渡って」という発想を持つことはプラスになります。これはでも、学校の先生にはなかなか持ちにくい発想なんです。先生としては担任のあいだ、つまり来年の三月までになんとかしたい！　と思われたりしますので。それを〝超えて〟という発想がなかなか持てないんですけどね。カウンセラーと教師はそこにいちばんの違いがあって、この一年の〝今〟のことではなくて、先のことまで考えられるかどうか。「今卒業できるか」ではなくて、「人生八〇年生きられるかどうか」を考えて対応するということです。たとえば、今無理して無理して高校を卒業して、あとの人生があやういものになるか、今不登校かもしれないけれども、そのことによって人生八〇年生きる力をつけられるかという選択になったときに、長い目で見たときには違う考え方ができるときがあります。

それから、「**時間がかかっても保護者の話を親身になってていねいに聞く**」。なかなかできないけどね。「時間がかかっても」ってほんとにこんなことできないけど、実践してらっしゃる方が「三人」と書いてあったのでびっくりしました。「**保護者に学校でも生徒ががんばっていることを伝える**」「**保護者のしんどさをまず聞く（こちらの言いたいことがあっても）**」。カッコ内がいいですね（笑）。子どもさんのことを親に報告するのに、だいたいは「こんな悪いことをしました、こんなことがありました」って悪いことを言われますけど、できる限り探して、いいことを報告されるほうがいいです。そうしたら、電話に出てくれます。まずはつながることが大事なので。

繰り返し言ってますけど、保護者を〝変える〟ことが目的ではありません。相手を変えることはできません。保護者がこうなってほしいとか、この人さえ変わればこの子が変わるのにと、みなさん思われるかもしれないんですけど、相手は「もの」ではありませんので、そんなふうには変わらないんです。だったら、まずはつながりをつけること、関係をつくることがいちばん大事です。そのためには「子どもがこういうことができました」と伝える。ただし、嘘をついてはだめですよ。本当にできたことを見つけるんです。そうすると、先生のほうも子どものいいところが見えてきますので、「ああ、今日はこういうことができたな」というふうに見えます。

ですので、子どもを見るときにも「こんなことができない、あんなこともできない」と、ここが悪いあそこが悪いという発想ではなくて、よく見てみると、ここができた、あれができた、前から比べたらあれができたという発想のほうが、健康上ずっといいです。そうすると、親御さんはともかく電話に出てくれます、会ってくれます。そこが第一歩だと思うんです。

それから、「**保護者のしんどさをまず聴く**」。だいたい先生方が対応に困られるお母さん、お父さんというのは、文句ばかり言うし、人のせいにばかりするし、なんやねん、と思われる方ばっかりです。で、ヘンだと思っているということをちゃんと認めてください。自分がヘンだと思っているということに蓋をしてはいけません。ヘンなんですから（笑）。ただし、先ほどから申し上げているように、「だから相手を変えなければ……」となるのではなく、ここで、ヘンなのには〝理由がある〟ということを考えてほしいんです。でも、ふつうは誰も考えてないんです。ヘンだと思う人に誰も理由をきかない。それをなんとかやめさせようとするか、無視するか、いやがるか、みたいになってしまう。

ですので、繰り返し言いますが、保護者がなぜそういうことをせざるを得なくなっているかということに、耳を傾ける姿勢をもっていただきたいと思います。まあ、だいたいそうはならないんですよね。子どもが何か問題行動をおこしている。あぁ、お母さんが子どものことをほったらかして怒ってばっかりいはるからやわ。ほんとに口より手が先に出るもんな。もうちょっとお母さんらしくされたらいいのに。私がこの人にうまくかかわって、お母さんらしくしてあげたい。そういうふうな発想になってしまうわけですよね。

お母さんが子どもにそういう態度をとっているのにはいろんな理由があるんです。よく聴いていくと、たとえばご主人と別れられて、そのあと一人でなんとか頑張っておられるとか、聞いていると、そりゃそやろうな、私だってこの立場だったらそうなったわなぁと思ったら、もう関係がついたも同じです。

「保護者とのコミュニケーションの工夫」のなかにあった回答例。

「適切な連絡と保護者への受容的態度によって家庭内の悩みを聞くことができた。そうした担任の取り組みを積み上げることで保護者とのよい関係ができた」。今申し上げたようなことですね。

それから、別の工夫例。

「スクールカウンセラーに相談し、学校と保護者とのあいだをつなげたり、話をしてもらう」

「学校に来てもらったり、家庭訪問ができるケースではこまめに連絡を取って保護者とのコミュニケーションをとるようにし、少しずつよい関係になっていった。しかし心身の状態がよくなくて、さらに学校を避けているケースでは、連絡をとるとかえって機嫌を損ねてしまい、関係が悪くなるので改善できないままの状態である」

「保護者とかかわりを持ちながらも、適当に保護者との距離をとっている」

「ヘンだと思うけれども話を聞いたらわかった」というよりも、もうちょっと難しいケースがあります。たとえば、ノイローゼの状態にあるお母さんだとか、怒りを必ず向けてこられる保護者だとかいう場合には難しい。その場合には、専門家に任せることもひとつです。そこを無理強いして会い続けていくと、お互い傷ついていきます。

あるいは、チームで対応する。これはなぜかということをを説明しましょうね。

何度か申し上げてきましたが、〝否定的なことを向けてくる〟というのは、実は関係がついていないのではありません。愛も憎しみも、いずれにせよ、関係はついているんです。関係がついているからこそ文句をいいにこられるんです。けど、それを受け続けていると、こちらがぼろぼろになってしまいます。人間は、自分がされたいちばんいやなことを、いちばん自分の大切な、身近な人に対して（同じことを）してしまうんです。これが虐待のメカニズムですね。哀しいけれど、そういうことを繰り返してしまうのが人間です。あるいは、虐待までにはならなくとも、多くの人が、外でいやなことがあったら、配偶者にそれを向けて、八つ当たりしてしまったりしますよね。

だから、関係がついたときにこそ、そういうものを向けられてしまうということがありえます。さらに、ある人がご自分のお父さんと関係が悪かったような場合、そういう人は年長のお父さん的な人、たとえば校長先生とかに非常に反発を感じられることがあります。ところが女の先生だったらふっとうまくいったりするんです。そういう意味で、チームを組んで対応されたほうがうまくいく場合があります。

ただし、専門的なカウンセリングでは違う対応をします。カウンセリングというのは、そういう否定的なところに向き合っていかねばなりません。むしろそこをとらえてセラピーをしていくのがカウンセリングの特徴なんですけど、先生方でそれをやるのはものすごくたいへんです。毎日毎日電話かかってきたりしますから。そこまで「受ける」ことはないです。

むしろ、「自分のせいだ」と考えて全部引き受けないでください。「自分が悪いのだ」とか、「自分が何かしているからこんなことになるのだ」というふうに過剰に引き受けると、先生ご自身が病気になってしまいます。否定的なものを向けられると、すごく落ち込んで、無力感をおぼえてしまわれると思いますが、そのときに自分が覚える感じ、無力感だとか罪悪感だとかは、実は（自分を批判してくる）相手の人がこれまでずっと感じてこられた気持ちだというふうに、考えることができます。だから、みなさんももしそういう無力感やむなしい気持ちをおぼえられたら、それは相手がその人ご自身に対してそう思っているのだと考えてみてください。こちらが感じるもの（たとえば無力感）は、実は向こうが感じているものだと理解するのも、かかわりのひとつのヒントだということです。全部自分で引き受けないこと。

私は最近、人間の奥底にあるのは〝怒り〟ではないかと思うようになりました。地球というのは、表面上は穏やかですけれど、奥底はマグマが渦巻いています。それがときどき火山というかたちで爆発するようなことがある。人によっては、階層がうまくできていなくて、いきなりマグマがバーンと出てくるんじゃないかなと思ってるんです。あるいは、人間の赤ちゃんというのは生まれたときに大きな声で泣きますね。もちろん、それは呼吸という理由があるんでしょうけど、なんだか怒っているみたいじゃないですか。このように、人間の本質というのは〝怒り〟じゃないかと思うんです。そう思うようになってから、少し〝怒り〟というものが受け止められるようになりました。〝怒り〟は受け止めるのはたいへんだけれども、大事だし、人間の本質をよく表していると思います。『甘えの構造』を書いた土居健郎が、「外国語には日本の『甘え』に対応する言葉がない、つまり外国人は『甘え』ということがよく理解できないけれども、逆に日本人は、『怒り』ということがよくわかっていない」とおっしゃっていました。だから、理解できないし、うまく表現できない。日本人は〝怒り〟というものへの対処が未熟だと言えるかもしれません。

では、次の工夫例。「**生徒とのコミュニケーションを大切に。担任が個々の生徒の実態をふまえて保護者対応を行うことで、生徒、保護者からの信頼を得た。学級通信やホームページを通じて、学校の子どもたちの様子をこまめに伝えるうちに、対象生徒の個別の話ができるようになり、理解を深めてもらうことができた**」。親御さんと学校の先生をつなぐものは、なんといっても子どもですよね。すべての人が子どものために仕事しており、また育てようとしていることは間違いないと思います。

それから「**手紙などの方法**」と書いてますね。

「**家庭訪問が基本的に行われていたが、学校と連絡がとれない家庭や、学校からの連絡をとりたがらない保護者に対しては、担任が手紙を書き、ポストに入れることにより、少し学校に気持ちが向いた家庭もあった**」

「**不登校生徒に対しても、基本は家庭訪問だが、欠席者連絡封筒にクラスの子どもたちに手紙を書かせてポストに入れると、学校の様子がわかったと聞く機会もあった。子どもたちが（手紙を）書くことで、不登校の子どもの孤立感がやわらいだ例もみられた**」

「電話、家庭訪問を繰り返す、留守のときには手紙を入れる」

「保護者によっては、手紙、電話、家庭訪問などこちらが連絡方法を選ぶよりも、選んでもらって連絡をとるほうが、いちばん効果がある」

なるほど。家庭訪問なんですけど、前にも言いましたが、なるべく同じ曜日、同じ時間に。ランダムに行かないほうがいいと思います。ランダムに行くと、来られるほうは怖いです。いつ来るかわからないから。四六時中、準備しないといけない。決まった時間だったら安心です。それから、頻度は、ご自分で無理のない程度に（私は、一年間続けられるペースということをおすすめしています）。それと、人と比較しない。保護者に言われることがあります、「前の担任の先生は毎日迎えにきてくださったのに」とか。でも、一切、人と比較しないでください。それぞれの人のしんどさは、その人によってそれぞれに決まります。だから、逆に「あの人はちっとも家庭訪問に行かない」とも思わないでください。悩みごととかしんどさというのは、比較ができないんです。ちょっとしたことでしんどい方もいらっしゃいますし、どんなことがあってもしんどくない方もいらっしゃいます。だから、自分の主観を大事にしてください。長続きすることのほうが大事ですから、決して比較をしないこと。

「同じパターン」というのは、どんなときでも役に立ちます。発達障害の子どもさんにも、なるべく同じ対応をしてください。なぜかといえば、同じことということは、もっとも安心感を与えるからです。いい例が、ラグビーの五郎丸さんの「ルーティーン」です（笑）。そもそも宗教の「お題目」だって、「同じもの」を繰り返していますよね。

私たちの生きている環境というのは、そんなに安心なものではありません。みなさん、今日はおとなしくお座りになっていらっしゃいますけど、あと少し後には、とてつもない大地震がくるかもしれない。それは誰にも否定できません。未来はわからないから。でも、みなさん、たぶん大丈夫だろうな、と思ってここに来ていらっしゃる。これはすごく不思議なことです。実際私たちも、地震のあった直後は怖かったですね。でもすぐ忘れてますよね。これが人間のすごいところです。だから生きていけてるんです。こうして普通に生きてるということは、いかに「いい加減」かということです。むしろ非常に繊細で、敏感な人ほど恐怖感が強い。ですので、なるべく同じ対応をする。一回やって大丈夫だ、もう一回やっても大丈夫だということが繰り返されることで、たぶん大丈夫ではないかなと「良い魔法」がもう一度かかるわけです。でも、なんの根拠があるわけでもありません。ですので、症状を出している子のほうがむしろ、正直かもしれません。

次に、親とのコンタクトの方法なんですけど、以前、不登校の子どもへのコンタクトでお話ししたように、私はお手紙をすすめます。私はめったに電話はしません。電話というのは、相手が逃げられません。手紙は読むことも、大事にすることも、逆にゴミ箱に捨てることもできますので、そういった選択の自由を相手に与えてあげるというのもいいと思うわけです。そのほうがむしろコンタクトがつきやすい。電話が鳴ると、怖くてたまらないという保護者の方、たくさんいらっしゃいます。「また学校からかと思うと、震えて出られません」と言った方もいました。手紙というのは、今はほんとに使われなくなりましたけど、いいところがあるように思います。私は、仕事上で手紙を書くときはコピーをとっておきます。つまり、その手紙は公文書なんです。けっして、自分の気持ちを書きたい放題書くものではありません。相手の気持ちを考えて書く公文書です。どうしても緊急に連絡をとる必要がある場合、あるいは相手にとって電話のほうが負担がないという場合（たとえば、お返事を聞かねばならないときなど）は、お電話をされるのもいいかもしれませんが、「つながりたい」と思うときには、お手紙のほうがいいんじゃないかなと思います。もちろん、相手に選んでもらうというのもいい方法だと思います。

さきほどの、「**複数の先生で、チームで対応する**」ということについて、もう少しお話ししておきます。判断に迷う場合もありますからね。

たとえば虐待には通告義務があります。一方で、子どもから「秘密にしておいてほしい。絶対に他の人には言わないでほしい」と言われることがあります。「そんなのは無視して、すぐに報告する」のがベストの選択ではありません。だからといって、周囲に何も言わないというのもよくありません。特に虐待を疑われるケースの場合や自殺企図がある場合などの難しいケースは、一人で抱え込まないということが大事です。そのときは、本人に伝えたうえで他の人に話します。本人が納得してもしなくても構いません。「本人には言わず、裏でこそこそ喋る」ということはしてはいけません。「どうしても話さねばならない」ということを子どもに伝えます。

生徒から自傷他害について言われた場合も、もし先生がそういうことを聞く機会があるとしたら、それは、その子が本当にSOSを出しているということです。先生にそんなSOSを出してくれるなんて滅多にないことです。だから、大事に、そして慎重に扱われたほうがいいと思います。信頼できる、スクールカウンセラーなり、養護の先生なり、管理職なり、同僚がおられたら、相談をされたらいいと思います。

あとはふだんからいろんな公的機関とのネットワークを作っておかれるということもいいと思います。

それから、「**ケース会議などの連携**」という項目があがっています。たしかに、みんながチームとして前に進める場合には、そういう会議をもたれるのも大切ですね。けどね、「ともかく、うまくいかないから会議に出せばいい」というような、会議を開くことでみなが責任を負わないという発想では、難しいかな、と思います。ともかく会議をすればいい、というものではないです。

まとめ

最後にまとめみたいなものを。

家族力

以前は、不登校など、家族のなかの葛藤を子どもが背負っていると思えることが多かったです。たとえば、家族のなかにいろいろいびつなことがあったりだとか、お父さんが弱かったりとか、家族のなかの「問題」と言われるようなものに対して、子どもがそれを背負って、不登校になることによって、全体のダイナミクスが変わっていくことがあったんです。なので、「きょうだいのなかで最も強い子が不登校になる」と言われたぐらい。家庭を変えていけるだけの力のある子が不登校になった。それぐらい家族のなかの「問題」を子どもが背負っているな、ということが多かったんです。

しかし最近は、「家族力」つまり家族が子どもを育てる力ですね。その力が弱まっている家庭が多いように思います。たとえば、お父さんもお母さんも子どもを育てることができなくなっていたりとかいうふうな場合。あるいは、どうしてもうまくかかわれていないとか。そういうふうな状態で、家族に期待することができないというケースが増えてきているように思います。先生方は、子どものために親御さんに頑張ってほしいと思われるんですけれど、それがうまく働かない。そう思えば思うほどイライラさせられる。そんなケースが増えてきている。だからこそ「親自身を支える」ことが必要になっているように思います。

保護者の立場に立った視点

これは、先ほどから言っているように、「ヘンだから治す」ではなくて、「ヘンなのはなぜか」と聴く。つまり、「子どものために保護者がしっかりしてもらって」ではなくて、「保護者も子どももいっしょに面倒みましょう」ぐらいな感じですね。そのほうがずっと気持ちが楽になります。先生というのは、どうしても生徒のほうに気持ちがいってしまいますので、その敵対物として親を見てしまうんですよね。敵だと思っている人とうまく関係がつけられるわけはありません。「お二人とも面倒みましょう」というほうが絶対うまくいきます。

多くの資源を活用した取り組み

今まで言ってきたように、一人で抱え込まない。いろんなことを利用しながらやっていただければと思います。たとえ一人でやっても、多くの資源を活用します。つまり、「違う考え方」とか、自分一人がすべてを担っているんじゃなくて、「相手の要因もある」と考えるのも、「多くの資源」です。

非行の子どもさんの場合に、お父さんもお母さんもいないとか、お母さんはいても男の人をつくってどっか行っているとか、そんなケースがいっぱいあります。この子のために誰が何をしてくれるのかというときに、以前「非行」のところでお話ししましたように、「資源」という考え方が役に立ちます。この場合の「資源」とは、その子にとってプラスのかかわりをしてくれるものすべてを指します。そういう「資源」を探す。親ばかりに期待しない。「親が絶対にいい親であるべき」というふうに思っていると、親とうまく関係がつけられません。誰でもいい、どんなところでもいい、資源を探す。子どもにとっての「資源」が先生ご自身だという場合もあります。そういうものを大事にする。子どもというのは、親から吸えなければ、どこからでもおっぱいを吸いにいくものです。もちろん、一〇〇人のおっぱいでも自分のお母さんのおっぱいには残念ながら、及びませんが。

子どもは人と人とのつながりと安心のなかで育つ

今、子どもの置かれている環境は非常にストレスフルだと思っています。今の時代の学校というのはずいぶん変わってきたところもありますが、一方で変わってないなあと思うところもあって、それは、友だち関係が大事ということです。「人とのつながりが大事」というのは今も昔も変わらないなと思います。ですので、人間同士のつきあいというのは、今でも、というか今だからこそ大事になっている気がします。

教師も保護者も子どもと向き合い、深く悩むことで、センサーを甦らせる

現代の特徴は、悩めないことです。悩んだり訴えたりする力が非常に弱まっています。以前は「小学校の子は〝身体に出す〟けれど、中学校の子は〝悩む〟」と言ったんですね。けれど、今は中学の子も身体に出ます。大人も多いです。カウンセリングに来られる方も、「こういうことで悩んでいます」という方は激減していまして、「なぜかうまくいかない。それは周りがひどいからだ。こういう同僚がいて、こういう上司がいるから、こんな目にあった。どうしたらいいか」という相談が多いんです。「悩んでおられますか」と聞くと、「悩んでません」と言われる。「悩む力」がものすごく弱まっていて、「からだ」に出る。言葉ではないから、すごくサインがわかりづらい。そういうものをよく聴き取って、「つらい」とか「困っている」とは言われませんから、「身体がやせてきている」とか、そういうことによく気づくようなセンサーを養ってほしいと思います。そういうセンサーがないと、今の時代は

いじめも見逃してしまいます。いじめられていたら、困っていて相談すると思われるかもしれませんが、「いじめ」のところですでにお話ししたように、まったくそんなことはないんです。つらければつらいほど、誰にも言いません。ただ、身体がやせてきているとか、どこかで見えます。そのことに十分センサーを働かせないと、今はうまく対応できないと思います。

4 生徒への対応

さて、堂々の第一位の発表です。

「お困りごと」の第一位は、「生徒への対応」です。まあそうかな、と思われるかもしれませんね。ただ、この「対応」における困りごとは、漠然と「どう対応すればいいかわからない」といったものというよりは、「相反する二つの対応があるが、どちらがいいのかわからない」「一応自分の思う対応をしているが、はたしてそれでいいのだろうか」といった、悩みのようです。つまり、生徒への対応に関する「マニュアル」を求めておられるというよりは、「自分のとった対応がはたして間違っていないのか」「引き裂かれる思いがするが、それをどう抱えていけるのか」といった、ある意味「能動的」なお悩みのように思います。「本で読んでいるだけ」とか「ともかく問題行動をなくしたい」という態度ではなく、児童・生徒の気持ちを考え、問題行動や不適応を示す子どもに対してこころを尽くして「対応」しようとするからこそ、生まれてくる「お悩み」なのです。

現代は、「悩む力」が弱まっていると言いましたが、これは教師も同じで、学校現場でも、なるべく悩まないよう、困りごとは早く解決するよう迫られるように思います。しかし、ちゃんと子どもに向き合うがゆえに生まれてくる「悩み」は、むしろそれをもつほうが、「よい」対応ができている証だともいえるでしょう。

そもそも、生徒への対応は、マニュアルで示せるようなワンパターンなものではありません。生徒は一人ひとり違いますし、教師もまた全員違うのです。そのため、「こうすればよい」などというマニュアルは存在しません。また、問題行動や不適応行動への対応は、相反する二つのアプローチのいずれがよいのか、すごく悩まされることが多いのです。

例を挙げてみましょう。

まず、「不登校」。学校に来たり来なかったりする生徒に対して、積極的に学校に来るように働きかけたり、厳しい態度で臨んだほうがいいのか、あるいは、「待つ」という姿勢を貫き、受容的な態度で接するほうがいいのか。

「発達障害」。他の子どもとは異なる行動をとる。それは「甘えている」「わがまま」なのだから、他児と同様の行動をとらせるべく、厳しく対応するほうがいいのか、あるいは、特別な支援を必要とする子どもなのだから、その子どもの個性を生かすようなアプローチが必要なのか。

「問題行動」。やってはいけないことはやってはいけないのだから、毅然とした態度で、罰することが重要なのか、更生ということを第一義に考えて、そうした問題行動をやらざるをえなかった心情の理解につとめたほうがいいのか。

また、特別な支援を必要とする子どもへの対応を優先すべきなのか、他の子どもへの配慮や集団としての秩序を守るようにするべきなのか。

あるいは、今やれていることを評価すればいいのか、将来のことを考えて、あと一歩先へすすめるよう、促すべきなのか。

こうした「相反する対応」という悩みは、枚挙にいとまがないように思います。そもそも「教育」は、「教」えることと「育」てる、という両立しがたい二つのことからなっているのですから、こうした「矛盾」が生じるのも無理ないことと言えるでしょう。また、こうした、相反する二つの対応のはざまで教師が悩むがゆえに、子どものこころが育っていくようにも思うのです。悩むことがない、「マニュアル」が存在するような対象というのは、「人間」ではなく「もの」ですものね。

さて、「悩むほうがいい」と言っても、やはり、悩むのはつらいし、また、無駄な悩みはもたないほうがいいと思います。先生方が悩まれる場合、たとえば、うまくいかないことがあったり、子ども（や保護者、同僚など）から、否定的な感情を向けられると、ご自分を責められたり、反省されたりすることが多いようです。

これは、生徒を非難することや生徒に対して悪い感情を持つことが許されないように感じられて、怒りや不安などの否定的な感情をすべてご自分自身に引きうけられてしまうからのように思います。これは、あまり（というかまったく）生産的ではありません。つらくなってしまって、学校のすべてのことへの意欲をなくしてしまったり、病気になったりして、結局は子どものためにはならないのですから。

そこで、ここでは、こうした「悩みごと」について、どのように考えればいいのかをちょっとお話ししてみたいと思います。これは、あくまで「解決」ではありません。相反する二つの対応のどちらがいいのか、ということは、個々のケースによって違いますので、本来ならば、事例を挙げてそれについてこまかにお話しすべきなのですが、今回は、そうしたやり方ではなく、「考え方のヒント」のようなものをお示しできれば……と思っています。

囲碁や将棋における「定石」のようなものと言っていいでしょうか。必ずそうしなければいけない、というわけでもないし、そうしていれば、すべてうまくいくというわけでもないけれど、それを知っていると、少し楽だったり、よい方向にむきやすい、といったことがらです。私が今まで学校現場のケースにかかわるなかで感じてきた、こうした「考え方のヒント」を格言風に挙げながら、それぞれ解説していきたいと思います。

対決のない受容は単なる逃げ

「カウンセリング的アプローチ」というと、多くの先生方は、「ああ、受容ね」と言われます。生徒や保護者の気持ちを受け止めて、あるがままの状態を受け入れることが、カウンセリングだ、と思っておられる方も多いようです。「ふぅぅん」「そぉ〜」と言いながら、やさしくうなずくおばさん（?）、というのがカウンセラーのイメージでしょうか?（笑）

しかし、実際のカウンセリングというのは、そういうものではないのです。相手にとって、何が本当にいいのか、ということを真剣に考えるならば、それはまさに「真剣勝負」であって、ときには、クライエントさんと相対峙しなくてはなりません。

例を挙げましょう。以前私がプレイセラピーをしているときに、子どもが箱庭のおもちゃを手にして、「これ壊したい。いいでしょ?」と言ってきたことがありました。

瀬戸物でできた白鳥のアイテムで、それが高価なものであることも私はわかっています。そのときに「だめです」というのは簡単ですが、その子にとって、それを壊したいということが単なる遊びでも思いつきでもなく、とても大事な意味をもっていることも、そのときよくわかっていました。

しかし、だからといって、「壊しちゃえ〜」とセラピストが安易に言うことともまた、私は「逃げ」だと思うのです。「ダメです」と言って対決を避けるのも、「いいよ」と簡単に言って対決を避けるのも、どちらも「逃げ」だと思います。そのときには、私は（瞬時にですが）考え抜いた末に、「○○ちゃんは、これ壊したいんやね……」と言いました。（もしこの子が叩きつけて壊したとしても理解できる、しかし、そのことでこの子に生じる罪悪感に対してどのように対処するべきか、アイテム自体は、△△百貨店に売っているからそこで買って弁償しよう……）などと考えをめぐらしていました。

すると、その子は、「もうええわ」と言って、それを壊すことはしませんでした（私のほうは、もう壊れることを覚悟していたのですが……）。こういうときは、大人の側の「保身」を考えていると、そこを突き崩されるように思います。

子どもが何かを突きつけてくるとき、「受容」と言う名前の隠れ蓑をかぶって、その後ろに逃げることは、よい結果をもたらしはしないと思います。ぎりぎりのところで、どうすればよいだろう、と考える。「規則だから……」とか言って逃げない。そうして真剣に向き合うことこそが、「受容」だと私は思っています。

個性は葛藤から生まれる

生徒の個性を「つぶしたい」と思われる方はまずいないと思います。生徒の個性を生かしたい。しかし、これはそう簡単なことではありません。教室で授業中に立ち歩きをしたり、勝手に話をしたりする生徒もそれが「個性」なのだから、個性を生かそうと思えば、それを禁止することができません。かといって、それを許していれば、授業が成立しなかったり、他の生徒が迷惑することがありうるのです。規律を守らせるのか、個性を生かすのか、この二律背反をめぐって、先生方が苦労されています。

以前、「世界で一つだけの花……オンリーワン」という歌詞が話題になりました。人はそれぞれが世界でただ一つの花であり、オンリーワンの存在だということです。私はこの考え方がとても好きです。世界中で、すごくたくさんの人が存在するのに、私と同じ顔をした、同じ人は誰一人としていないのです。すごいことだと思われませんか？　だからこそ、その「オンリーワン」ということを、私は可能な限り尊重したいと思って生きています。

しかし、一方で、私は次の（サラリーマン）川柳も大好きです。「オンリーワン、職場じゃただの変わり者」（笑）。組織として、あるいは集団として行動したり、仕事をしたりすると

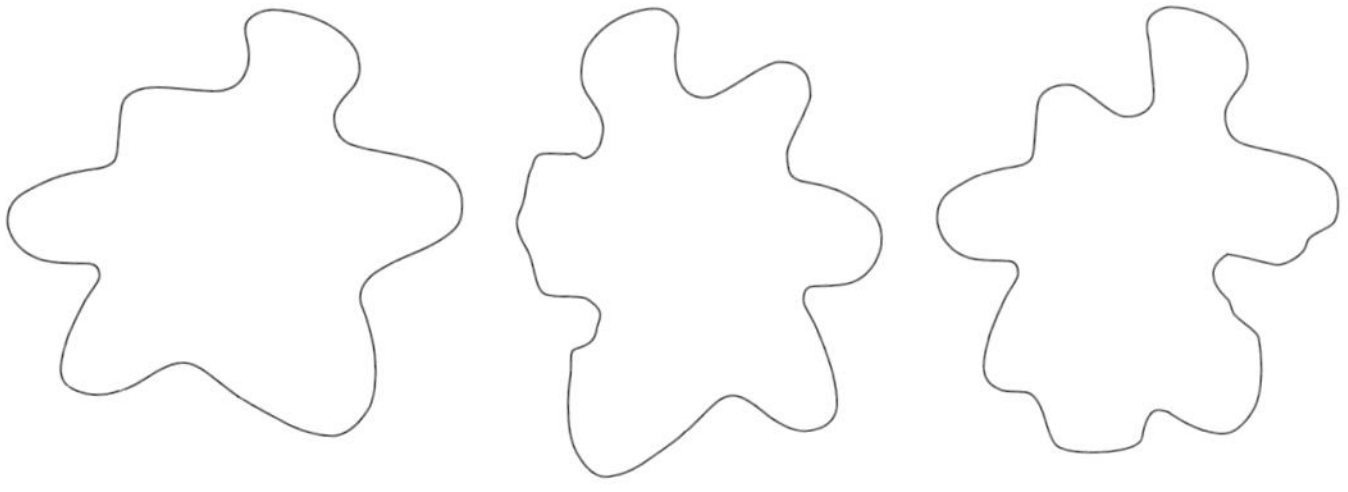

図3

きに、「勝手」なふるまいをされるとそれは迷惑にもなってしまいます。

個性をめぐるこの葛藤については、以前すでに「アメーバ饅頭」ということでお話をいたしました。でも、ずいぶん前ですので、ここでもう一度説明しておきましょうね。

それぞれの存在が皆違っている、ということで、図3のような、皆ばらばらの存在がいるとしましょう。これをたとえばおまんじゅうと考えて売り出す。個性を生かすのだからこのままの形で、と言ったって、誰も買わないでしょ? 「アメーバ饅頭」とか言ってもね(笑)。第一これは、手作りじゃないとつくれないし、箱につめようとしても、ちょっとしか入れられません。

一方、それでは、図4のように、こうしたでこぼこしたところはすべて切り取って、同じ形にするというのも、また、たいへん危険なことなのです。こうすれば、大量生産ができるし、箱詰めするのも楽でたいへん「効率的」なのですが、

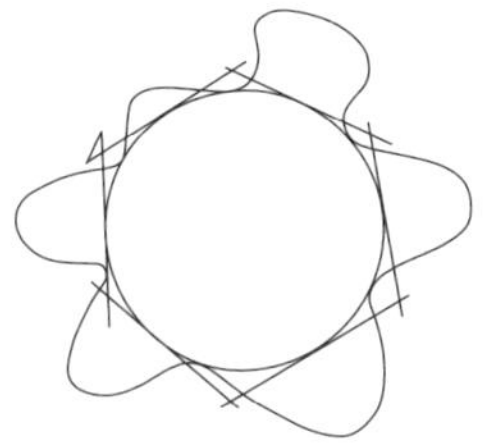

図4

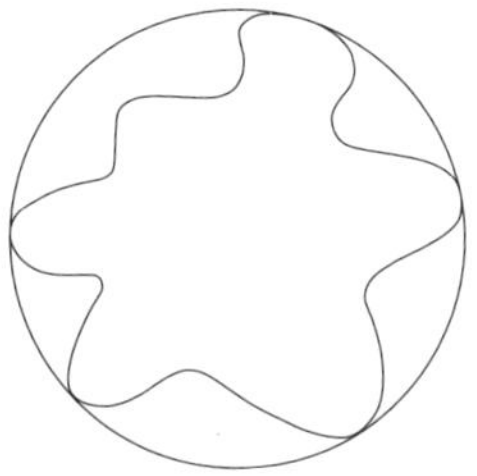

図5

こうした「他と違うところを切り取る」という発想は、「いじめ」の根本にあるものなのです。いじめられる子どもというのは、（肯定的であれ、否定的であれ）他の子どもと「違う」ところを持っています。集団がその「違うところ」を攻撃するのです。また、全体主義教育というものも、こうした「違うところ」を切り取るものであって、こうした考え方は、重大な危険性をはらんでいると思います。

　そのままもだめ、切り取るのもだめ、ではどうすればいいのでしょうか？　私は、図5のような、「大きいマル」を提案しています。これは一応、皆が同じマルの形をしています。箱に入る量は少し減りますが、これだと、皆が同じ形をしていますので、扱いもしやすいと思います。この図5の大きなマルと、図4の小さなマルは、同じマルですよね？　けれど、その意味はまったく違うのです。

　図4の小さなマルのほうは、「完璧性」をめざすやり方を表現しています。合わないものは、切り捨てる、欠けたもの

を排除する発想です。一方、大きなマルは、「全体性」をめざすやり方です。「全体性」は、集団に合わないものは、「入れ込んでいこう」という発想なのです。この違いがわかりますでしょうか？　同じマルなんだけど、全然違うのです。大きなマルのほうは、失敗や、欠けていること、困った子どもや、状態があったとして、それを「排除」するのではなく、「包含」していこうという考え方です。

子育てを例にとれば、こけないよう、こけないよう、石をとりのぞくやり方ではなく、石につまづいてこけたら、それを糧にして育てていこう、石につまづいても立ち上がれるような力をつけよう、という発想です。教室の場合、「問題児」を排除する考え方（「この子さえいなければ……」）ではなく、問題児を入れ込んだ教室運営をしていく（「この子がいてくれてこそ……」）ということです。

とは言っても、これもまた簡単なことではありません。もともと集団に合わないからとがっていたり、でこぼこしたりしているものを、丸いもののなかに入れ込んでいこうとするのですから。そこには、当然「葛藤」が生じます。生徒の好きにさせるのか、集団のなかになじませるのか、教育的に考えてどちらが生徒自身にとって望ましいのかを十分に考える必要があります。

私は、「個性を生かす」ということを「好き勝手にする」ことではない、と考えています。

個性と集団とは、必ずといっていいほどぶつかり、葛藤を生じさせます。先生たちはそのときに一回一回、一人ひとり、よく考え、葛藤します。出てくる答えはきっと、二つとして同じものはなく、ユニークなものでしょう。私は、それこそが「個性」だと思っています。これが、「個性は葛藤から生まれる」という意味です。

発想を転換する

こんなお話があります。

「砂漠を旅する二人の旅人がいました。道に迷ってしまって、喉がかわいています。大切にしてきた自分たちの飲み水は、ちょうど瓶の半分になっていました。それを見て、一人の旅人は、『ああ、もう半分しかない』と言い、もう一人の旅人は、『あと半分も残っている』と言いました」

さて、どちらの旅人が生き残るでしょう? これは想像でしかありませんが、「もう半分しかない」と思う旅人は、不安からよけいに喉がかわいたのではないでしょうか? 客観的な状況としては「瓶に水が半分残っている」というまったく同じ状況なのに。

学校現場でもこれと同じで、難しい状況や子どもたち、保護者、同僚に対して、「これができない」「ここがうまくいっていない」「これがだめだ」と考えるだけでは、不安やいらだちが増すばかりです。同じことを、「これができている」「ここがうまくいっている」「ここがよいところだ」と見る発想を持っていただきたいのです。

「少しでも成長してほしい」と切に願われる先生方ほど、子どもや保護者の「できていない」ところが見えるものです。そして、それを「なんとかしてやりたい」と思われるのです。しかし、この「なんとかしてやりたい」というのは、なかなかの曲者で、これは、実は「今のあなたのままではだめですよ」というメッセージでもあるのです。「(今のあなたはだめだから)変わりましょうね」というメッセージは、すぐにでも変われる人や自信のある人にとっては「はげまし」となるのですが、なかなか変われない状況にいる人にとっては、責められることになってしまうんです。

イギリスの小児精神科医であるウィニコットという人が「good enough mother」ということを言っています。「ほどほどによい母親」という意味です。子育てをするのに、perfect、完璧なお母さんがよいのではなく、むしろ「ほどほどによい」母親がよいのだと言いました。

学校現場というところは、どうしても「一〇〇点」を目指すところがあり、生徒も教師も保護者もクラス運営も学校も、なにもかもがこの「一〇〇点」の呪縛にかかっているように思います。もちろん学力テストで一〇〇点をめざすことは間違っていないと思いますが、人間と人間との間に生じることについては、「一〇〇点」という目標を設定することがかえって、関係や発達を阻害することになってしまうように思います。

また、成長や変化のイメージとして、よく発達心理学の教科書にでてくる図6のような階段状になった「発達」のイメージを持っておられる方は多いでしょう。

もちろんこの図は正しい人間の発達の様子を示しているのですが、これは、たとえば、生後一年間にのみあてはまるものなのです。こんなすくすくと育つ成長のイメージは、大人になってくるにつれ、ほとんどお目にかかれなくなります。一年前の自分と今の自分とを比較されて、こんなすばらしい「変化」をされた方はおられるでしょうか？（笑）成長どころか、昨年より髪の毛が薄くなったり、しわが増えたという、マイナスの成長をされた方のほうが多いのではないでしょうか？（笑）

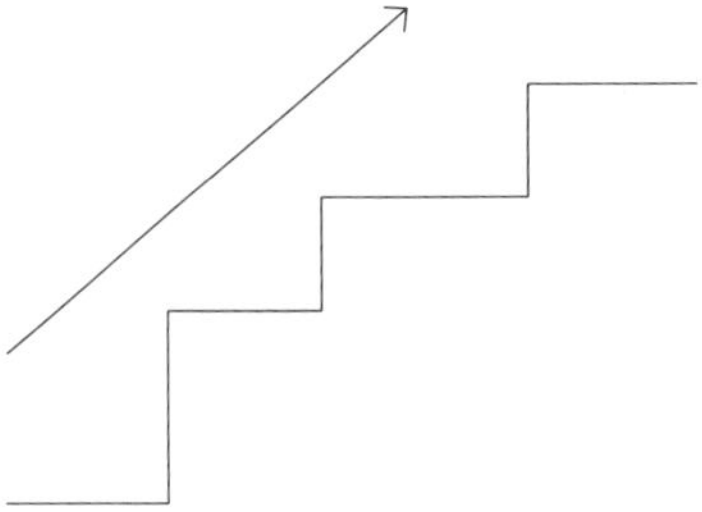

図6

私がよくお目にかかる「変化」や「成長」のイメージは、図7に示すような状態です。同じことが繰り返されているみたいだけど、同じところを見てみると、少し前とは違っている、というのがとてもよい「変化」なのではないでしょうか？

それなのに、生徒に対して、階段状の成長を期待し、かつ階段の上のほうに教師が立って、「早くこっちに上ってこい！」というのでは、足腰が弱い子どもは上ることすら断念してしまいます。階段状のイメージでいうなら、せめて、教師が階段の下に降りてきて、子どものお尻を支えてやるくらいの態度を示すことが必要になるかもしれません。

「一〇〇点」はたった一つのゴールですが、「ほどほど」は、人によって、状況によってさまざまな状態を指します。それゆえに難しいのですが、一〇〇点にしばられるよりは、少し、こころが楽になるような気がします。

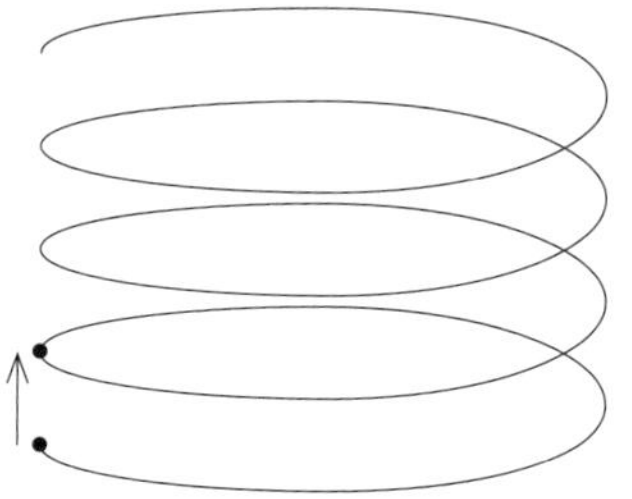

図7

うまくいったケースは忘れろ

私は、学校現場でお困りの「事例」を聞かせてもらう機会が多いのですが、特に参加者が多く、「公」の会になればなるほど、「うまくいった」事例を聞かせていただくことが多いように思います。これはもちろん当然のことですし、「うまくいった」ケースというものは、私たちに希望や感動を与えてくれます。

もちろんそれを認めたうえでのことですが、私はいつも「この（うまくいった）ケースはすぐに忘れてください」と申し上げています。なぜかというと、「うまくいった」ケースというものを人は忘れがたく、次に出会った子どもや保護者に同じような対応をしようとしてしまうからです。たとえば、毎日家庭訪問をした生徒が不登校から脱して学校に来るようになった場合、次に会った「同じような」生徒に同じ対応をして、今度は反発され、会うことさえ拒否されてしまったりします。以前にうまくいっていない場合には、こうした「うまくいかなさ」はそれほど気にならないのですが、いったんうまくいった経験をもっていると、この「うまくいかなさ」が受け入れがたく、どこかいらいらとした感覚をもってしまいます。これがうまくいったケースの「副作用」です。

そもそも生徒はみな違うのですから、「同じ」ケースなどは存在しません。なので、どのケースにあったときも、「初心」で接することが肝要なのです。

どんな場合でも「初心」で接するということは実は非常に難しいことで、心理療法においてももっとも難しい、むしろ一生をかけて努力すべきことのように思います。というのも、（教師も含めて）対人援助にかかわる仕事についている人は、相手をなんとかしてあげたい、それも、できたら私がなんとかしてあげたいと思っていて、そのため「うまくいった状態」

という、ある種の「ゴール」のイメージを持ちがちなのです。だから、一回でもうまくいくと、それは「ゴール」に近づいたことになりますので、もう「初心」ではいられなくなります。

しかし、なにが「うまくいった」状態なのかは、そう単純なものではありません。心理療法をしていますと、学校に行っている数年間ではなく、一生の間のさまざまな年代に生きる人たちに会いますので、たとえば、学校を卒業できたからといって、あるいは、有名大学に入学できたからといって、必ずしも幸せという「ゴール」にたどりついたとはいえないということを思い知らされます。人生がうまくいったというのは、ひょっとしたら、死ぬときに明らかになるのかもしれないし、それどころか死んでから何年もして明らかになることだってあるのかもしれないと思います。

自分自身の性格についても、このような「ゴール」のイメージをお持ちの方が多いのか、よく「私の悪いところをなおして、よい人間になりたい」と言われる方がおられます。しかし、人間は「なおり」ません。性格の短所と思われるところは、実はその人の最大の長所であって、そのことを誰しもどこかでよく知っているので、それを変えることは難しいのです（他方、自分の最大の長所は自分の弱点でもあるようにも思います。人は自分のもっとも得意とするところで大きな失敗をするのではないか、と私の経験上からもそう思います（苦笑））。

さて、以前ある学校の事例検討会で、新任の先生がご自分のクラスのことを話されました。

その先生が担任されてから一度に何人もの不登校生徒が出るようになって、その先生はとても悩んでおられました。こういった場合、先生は、ひたすら「反省」されることが多く、ご自分の対応のまずさを挙げておられました。そして、「私のせいでこんなことになりました」と涙ながらに言われたのです。そのとき私は（もちろんその先生のお気持ちはよくわかっていましたが）、「あなたのせいでクラスが変わるほどあなたはえらくない」と、（あえて）申し上げました。

ある種の「ゴール」をめざす場合、それは「自分が」「自分の考える方向に」動かそうとすることになります。そして、それは、たいていの場合阻まれます。それは相手が人間だからです。ものを修理するのとは違うのです。人を自らの力で自分の「期待」する方向へと「なおす」のではなく、その人の主体的に「生きる」方向へと向かう動きを手助けすること、それが「初心」を貫く援助者のあるべき態度なのだろうと、思います。これがなかなかできないんですけどね……。

別れたければ、つながれ

教育現場でよく受ける質問のなかに、「この子はこの先どうなるのでしょう?」というものがあります。「今中学三年生で、この学校のなかでの成長はみられて落ち着いているが、高校へ行ってうまくやれるのだろうか。そのために教師として今何をすべきなのだろう」といったご質問です。

「この先どうなるのだ」というご質問に対して、私はたいてい「わかりません」とお答えしています。「私は未来はわからないんです。細木数子ではなく細木かずのこです」(笑)とか言っています。

本当に、未来はわかりません。

また、「今何をすべきか」ということですが、別れが近いからといって、なんとなく疎遠にされようとする先生方がおられますが、恋人同士ではないのですから(笑)、それはかえって逆効果です。なんとなく冷たくされると、相手はかえってしがみついてしまいます。「別れたければ、つながれ」。つまり、別れたいのであれば、むしろしっかりとした「関係」をつけることが大事なのです。お母さんとしっかりとした絆をつくれて安心している子どもは、母親の膝を離れて自由に遊べるのですが、なんらかの不安をもっていると、母の膝から離れがたいものです。「関係」というものは不思議なもので、「自立」させようとするのならば、むしろしっかりとした「依存」を体験しておかねばならないのです。

十分に依存し、つながることができれば、子どものほうから巣立っていく。私は子どものなかに、そういう力があると信じています。なのに、巣立っていかず、いつまでもひきこもっているのは、巣立ちを阻むなんらかの力が加わっているのではないか、それがどういうものであるかを探していくことが大事なのであって、「外側から」無理やりにひきずりだそうとしたり、離そうとすると、相手はよけいにしがみつくように思うのです。実が熟すように、しっかりとつながれば、自然と木から離れていくように思います。

もちろん、あと少しで離れなくてはならないという状況のなかで、何をすべきか、のんきにかまえていられるわけではありません。（たとえば進学などの）現実的な対応を生徒とともに考えたり、離れてからの相談相手を考えたり、引き継ぎについて手立てを打ったりすることは大切です。しかし、「未来」のことにこころを奪われるあまり、「現在」がだいなしになってしまうことは避けなくてはなりません。往々にして、未来に不安を感じると、今の生活が浮足立ってしまいます。

未来と現在をどのようにバランスよく生きるのかは、実はとても難しい問題ですね。私も、何歳まで生きるかわからないので、どうしようか悩む毎日です。長生きするのなら、今好き放題お金を使うわけにはいかない。しかし、明日死ぬかもしれないのですから、がまんしてけちけちしているのもばかばかしい。未来ばかりを考えて、今を生きることができないのはつらいのですが、かといって、きりぎりす生活も、みじめな老後が待っているかもしれません。難しいですねぇ～（笑）。

はっきりしていることは、「今」のかかわりが無駄ではないということです。たとえば、（どなたかの）先生と信頼関係を結べた生徒は、次の学校に行っても、またそうした対象を見つけることができるのではないでしょうか？　なので、私は先生方に、「今のかかわりにベストを尽くしてください」と申し上げています。未来がわからない私たちにできることはそれしかないように思います。

あとは、できるかぎり、不安をなくすこと。それには、子どもをいかに信じられるか、ということがかかわってくるように思います。このときの「信じる」というのは、こちらが（大人が）考えるゴールに子どもが達してくれるだろう、期待に応えてくれるだろう、という信頼ではありません。どういう方向にいくかはわからないけれど、きっと、その子なりの、自分の道を歩んでくれるだろう、という信頼です。

この「信頼」は、実は、親の立場からすると難しい信頼ではないかと思います。親というものは、子どもにとって最善であろうと考えるある種の「ゴール」を想定し、子どもがそれ向かって歩んでくれることを望むものだと思います。教師もまたある程度同様の方向性を持っているといえるかもしれません。また、私自身は、親や教師がこうした「ゴール」を持つことが必要だとも思います。

さきほど、「ゴール」をめざす弊害について述べ、初心でいるべきだと申し上げたばかりで、その舌の根もかわかないうちに反対のことを申し上げているようですが、「ゴール」を持たないなど、悟りをひらいた修行者でもなければ、そう簡単に達成できるものではありません。また、子どものこころのなかにもこうした「ゴール」にしばられるものがあるのですから、親や教師が「好きにすればいい」などというと、子どもはすべてを自分が引きうけねばならなくなってしまうのです。「こうしなさい！」と親（や教師）が理不尽なことを言うがゆえに、子どもはそれに反発することも可能になるのですから。

本当に矛盾するようなことばかり申し上げて、申し訳ないのですが、私たちは、この二つ（「自分がこうあってほしいと願うこと」と「子どもが持ち出してくること」）の間にあって揺れ動きながら、あくまで「子どものため」と考えて、いっしょうけんめいかかわることしかできないように思います。

そして、そのように努力しても理解できないとき、あるいは、相手のことを好きになれないときには、専門家にまかせるべきだと思います。すべての人を理解できるわけでも好きになれるわけでもありません。もちろん勉強をしたり、考え方を変えることで理解の幅が広がることはありますが、「わかる」ことが増えれば「わからない」ことも増え、少しは対応できるようになれた、と思うと、より難しいケースに出会うものです。

なんだか努力は報われないし、しんどさばかりを強調するようなお話になったかもしれませんが、私は、教育でつかったエネルギーはちゃんとかえってくると思っています。

それだけを信じて、おからだを大切に、これからもがんばっていっていただきたいと願っています。

[付録]

Q&A

みなさま、お疲れさまでした。私がふだん考えていてお話ししたかったことを一気にしゃべりましたので、わかりにくかったところや、もっとこんなことを聞きたい、ということがおありだと思います。

時間の制限がありますので、すべてのご質問にお答えすることはできませんが、できるだけ質問をお受けしたいと思います。

いかがでしょうか?

Q1　カウンセリング・マインドをもっと身につけたい

Q1　私は教師歴二年の新米教師です。カウンセリングに興味があり、こうした講座を受けたり、本を読んだりはしているのですが、実際に生徒に向かうときには、あまりうまく対応できているように思えません。どんな勉強をすれば、「カウンセリング・マインド」をしっかり身につけ、もっとうまく対応することができるようになりますでしょうか？

「今日こうして講座をお受けになるだけで十分です」と申し上げたいところですが、そうはいきませんね。一番難しいのは、頭で理解していても実際の子どもに接するとなかなかうまくいかなかったり、どちらの対応がいいのかと悩んでしまうことだろう、と思います。

カウンセリングはこころのことにかかわっていますので、「こうすればよい」というひとつのマニュアルがないため、「実際に」どうすればよいのか、とても難しいのだと思います。

年齢がいきますと、だいたいこういうものかとわかってくるところもあるのですが、若い方ほど、「もっと勉強しさえすれば別の状態になれるのではないか」と思われるでしょうし、今自分がうまくいかないのは、勉強不足のせい、と思われるようです。

そもそも、教師という立場で子どものこころの問題にアプローチするのは、本当に難しいことなんです。すでにお話ししましたが、教師は「評価」をしなくてはなりませんし、そういう人に対して、（誰でも）こころを開くということは難しいのだと思います。

教師としての自分の「限界」を自覚したうえで、それでもできることをする、ということが大切かと思います（「専門家とは、自らの限界を知っている人」と前回お話ししたことを覚えておられるでしょうか?）。「やらねばならないこと」を考えるのではなく、今の自分に「できること」を考えて、それを実行していくことがまずは大切なのではないでしょうか。

それから、「カウンセリング・マインド」というと、それを身につけることでこころの問題にうまく対応できるようにお考えの方も多くいらっしゃるかもしれません。つまり、こころの問題に対応する際の、ある種の「道具」のようなものとして捉えられがちだと思うのです。

しかし、実際には、「カウンセリング・マインド」とは、そのようなものではありません。

それを使って解決へと導く「道具」なのではなく、どこまでやっても達成されることのない「目標」なのです。ですから、これを「身につける」ことなどできません。

「なぁ〜んだ」とがっかりされるかもしれません。「うまく」対応できる「スキル（技術）」を求めておられるでしょうからね。しかし、子どもたちが求めているのは、「うまく対応してもらうこと」ではなく、「いっしょうけんめいにエネルギーを使ってくれること」なんです。だから、必ずしもベテランの先生の方がいいというわけではありません。新人の先生がうまくやれずに、すったもんだしながら、それでもいっしょうけんめいかかわる姿を生徒はしっかりと認識しているし、先生のお気持ちは相手に伝わっていると思います。

ではどういうことを「勉強」すればいいのか。それは、「あらかじめ失敗しないように準備する勉強」ではなく、「ことにあたって困ったときに求める勉強」だと思います。たとえば、発達障害を疑われる子どもの担任をすることになった、日々の対応のなかで困ったことがいろいろある、といった状況に直面する場合に、今は山のように発達障害に関する本が出ていますので、（目につくものからでいいので）それらの本を参考になさって「勉強」をされたらいかがでしょうか。

Q2　難しい保護者への対応は

Q2　私は小学校の校長をしております。いろいろな生徒がおりますし、毎日次々といろいろなことがおこって日々格闘していますが、先生方がみながんばってくださっているのでなんとかやれています。ただ、今一番困っているのが、毎日のように校長室に文句を言いにこられる保護者の方への対応です。いわゆる「モンスターペアレント」と言うんでしょうか……。どうすれば納得していただけるのか、とても困っています。

毎日、本当にお疲れさまです。校長は、いざというときに責任をとらねばなりませんし、また、学校内で気楽に誰かに相談したりできず、同じ立場の人がいない、「孤独な」存在です。かつ、（さまざまな学校を訪問している私の印象からいうと）学校の「雰囲気」というのは、管理職のあり方で変わるようにも思いますし、本当に責任重大ですよね。

そんななかで、連日のように校長室に押しかけ、批判をされ、責任を追及され、なかなか帰ってくれない保護者の存在にはほとほと困っておられるというのが実情でしょうか。

どう「対応」すればいいのか、ということは、実は個々のケースによって違いますので、残念ながらここで詳しく申し上げることができません（つまり、「一発解決」の方法などはないということです）。

ただ、大切なことがひとつあって、それは、相手のことを「いやだなぁ～」と思って、なんとか早く（うまく）「処理」しようという態度で臨むと、まずはうまくいかないということです。早く処理するつもりがかえって長引きます。繰り返し言ってきましたように、相手は「人間」なのですし、それを自分の思いどおりにねじまげることなどできません（相手を思いどおりに変形させようとするなら、その行為こそ「モンスター」になってしまいます）。「想い」があるから、わざわざ学校にまで来られるのですし、相手のことをどうでもよいと思っておられたら、わざわざ学校に来て、校長と話そうなどとはなさいません。つまり「関係」がついているからこそ学校に来られているのです（ただし、聞く側としては、たいへん不愉快なかたちではありますが……）。

しかし、だからといって、一日中保護者の話を聞いているわけにはいきません。言われることを「そのとおりです」と言ってしたがっているだけでもだめだと思います。まず、ご自分にできる「限界」をよくわきまえたうえで、「ここまで」という枠を決められることが大切だと思います（この「限界」は人によって違いますので、他の人と比較なさらないように）。

また、いろいろな批判に対しては、具体的にそれぞれについて「反論」するというのは、不毛だという気がします。たとえば、「校長は○○のときに、△△といった対応をした！」と言って責められる場合。校長としては、「いやそれはあなたの記憶違いだ」「そのときには××といった理由があった」などと、弁明をしたい、そのお気持ちはすごくよくわかりますが、それを言ったとして相手の方が「あぁ〜、そうでしたか〜」と言って納得されたりなどはしない。そういう弁明をすると、さらにその内容について激高して批判されるというのがだいたいの展開です。

相手の方がおっしゃりたいのは、実はその具体的な「△△をした」ということへの批判ではないのです。保護者からこういう批判を受けると、校長先生は、まるで身動きができないような、理不尽だというような、怒りや無念さがまじったなんともいえない気持ちになりますよね。実は、クレームを繰り返し言ってこられる保護者の方というのは、このような「身動きができない」「理不尽」なお気持ちをずっと抱いておられて、それを訴えたいのだけれど、うまく伝えられず、「批判」という形で表現されているのだと思います。相手を同じ気持ちにさせることで、「直接的に」伝えておられるのです。

そのため、うまく「処理」したり、表面的に対応しようとすることは、校長先生が相手の気持ちから「逃げる」ことになってしまい、よけいに感情表現を高めてしまうことになります（「伝わらない」と思うときには大声を出しますよね？）。

毎日お忙しいなかで本当にたいへんだと思いますが、枠を設定したうえで、相手のことを「嫌い」にならないようにするにはどのようにすればいいのか、お考えいただければ……と思います。

Q3　学校での臨床心理士のあり方は

Q3　私はスクールカウンセラーをしている臨床心理士です。学校のなかで先生といっしょに仕事をしていくにあたって、どのようなことに気をつければいいでしょうか？特に、子どもたちへの対応について、先生方と同じ考え方で進められることもあるんですが、ときには考え方の違いがあって、うまく連携できないように思うこともあります。その辺をどのように考えてやっていけばよろしいでしょうか？

私自身臨床心理士なのですが、今回は、「教師の立場でできる」カウンセリング・アプローチということに焦点を当ててお話ししましたので、「臨床心理士にできる」カウンセリング・アプローチについては、また機会を改めて、ゆっくりお話ししたいと考えています。

今回はお話ししませんでしたが、実は私は「教師とスクールカウンセラーとの連携」ということで、ずっと調査・研究を続けてきています（そのほとんどは、京都大学大学院教育学研究科の大学院生さんがやっている「学校臨床研究会」を中心として行われています）。

たとえば、教師とスクールカウンセラーがどのような「視点や視座」をもって生徒にアプローチしようとするのか、どこが違うのか、あるいは、お互い他職種に対してどのようなイメージをもっているのか。さらには、欧米（実際にはスイス）の学校における教師とスクールカウンセラーの連携との比較によって、日本のあり方をさぐろうという研究など、多くの研究を続けてきました（末尾に、論文として公開されているものを挙げておきます）。

学校現場におけるスクールカウンセラーの仕事は、それまで臨床心理学のトレーニングで学んできたやり方をそのままやろうとしてもうまくいきません。たとえば、心理臨床では「枠」が大事にされて、時間や場所、あるいは料金などといったことがらを大切にしますが、学校現場でそれを守ろうとしてもうまくいかないことが多いのです。あるいは、「秘密」に関しても、心理臨床で学んだように「ともかく誰にも言わない」というやり方だけでは通用しないことが多くあります。

たとえば、クライエントである生徒が反社会的な行動をとるとカウンセラーに伝えたとき、それを学校側に伝えるのか伝えないのか。学校側としては当然危険性がある行動についてそれを共有しておく必要があるので、「伝える」ことが必須だろうと思います。しかし、それをすると、カウンセラーとクライエントとの信頼関係は崩れてしまい、守秘義務違反を犯す

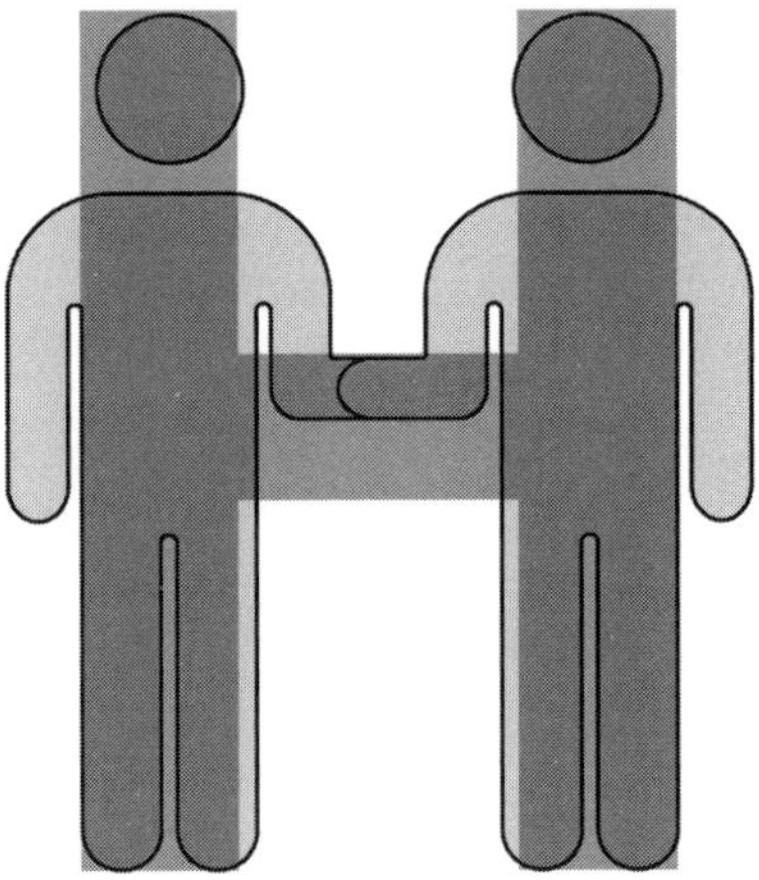

図８　欧米の連携

ことにもなってしまいます。

スクールカウンセラーの仕事でもっとも難しいのは、絶対に学校と「仲よく」する必要があるのですが、それと同時に、学校とは相いれない視点（アウトサイダーの視点）も持つ必要があるということだと思います。先に話した例で言えば、（反社会的行為の内容にもよりますが）学校に通告することは必要だろうと思います。一方で、それを何も考えず自動的におこなうべきではありません。最低限、「学校側に言う」ということを生徒に話す必要があると思いますし、そして、そういう状況になっても生徒との間で信頼関係を築き続けられるよう、最大限の努力を払うべきだと思います。

ですので、「連携」というのは、単に教師

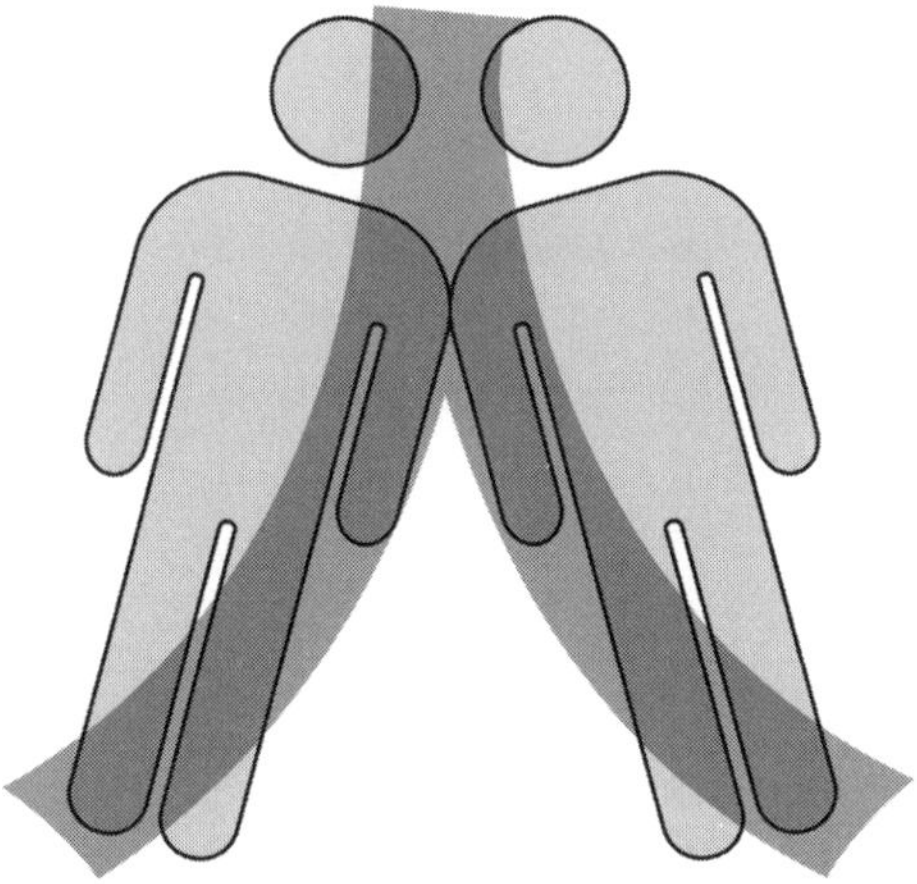

図9　日本の連携

とスクールカウンセラーのそれぞれが独自の仕事をして、いっしょにやっていきましょう、などというのんきなものではないのです。

一般的には、欧米のやり方では、それぞれの職種が独立して自分たちの仕事をおこなったうえで「連携」するというイメージがあるように思います（図8）。

でも、日本の場合は、「Human」ではなく「人」です（図9）。

ですので、教師とスクールカウンセラーとの間は、その役割がすっきりと分離されているわけではなく、お互いと深くつながりながら「連携」していくのではないかと、私は考えています。

今回、「相手を人間として尊重すること」ということを繰り返しお話しさせていただいてきたように思います。これは、教師と生徒や保護者との間だけではなく、教師とスクールカウンセラーとの間にもあてはまるのではないでしょうか。

心理臨床で学んだ「技術」はあまり役に立たないかもしれませんが、心理臨床の「こころ（本質）」は、学校現場でこそ生かせるように思っています。

〔参考資料〕

（1）牧剛史、安立奈歩、久米禎子、鳴岩伸生、古屋敬子、高嶋雄介、須藤春佳、桑原知子「学校臨床における定点の探索的研究―心理臨床家の主観的体験を素材にして」日本心理臨床学会第二二回大会、二〇〇三年

（2）桑原知子「教育現場におけるカウンセリング」倉光修編『学校臨床心理学』誠信書房、二三四―二五六頁、二〇〇四年

（3）高嶋雄介、須藤春佳、高木綾、村林真夢、久保明子、畑中千紘、山口智、田中史子、桑原知子「学校現場における教師と心理臨床家が持つ『視点』に関する研究」日本心理臨床学会第二四回大会、二〇〇五年

（4）高嶋雄介、須藤春佳、高木綾、村林真夢、久保明子、畑中千紘、山口智、田中史子、西嶋雅樹、桑原知子「学校現場における教師と心理臨床家が持つ『視点』に関する研究Ⅱ」日本心理臨床学会第二五回大会、二〇〇六年

（5）牧剛史、安立奈歩、久米禎子、鳴岩伸生、古屋敬子、高嶋雄介、須藤春佳「学校臨床における『定点』について―『個』に寄り添う姿勢を通して見えてくるもの」岡田康伸、河合俊雄、桑原知子編『心理臨床におけ

る個と集団』創元社、三五一―三六〇頁、二〇〇七年
（6）須藤春佳、畑中千紘、西嶋雅樹、本多早百合、森田健一、桑原知子「学校現場における教師と心理臨床家が持つ『視点』に関する研究Ⅲ―日本とスイスの国際比較より」日本心理臨床学会第二六回大会、二〇〇七年
（7）高嶋雄介、須藤春佳、高木綾、村林真夢、久保明子、畑中千紘、山口智、田中史子、西嶋雅樹、桑原知子「学校現場における教師と心理臨床家の『視点』に関する研究」『心理臨床学研究』二五巻、四一九―四三〇頁、二〇〇七年
（8）高嶋雄介、須藤春佳、高木綾、村林真夢、久保明子、畑中千紘、重田智、田中史子、西嶋雅樹、桑原知子「学校現場における事例の見方や関わり方にあらわれる専門的特徴―教師と心理臨床家の連携に向けて」『心理臨床学研究』二六巻、二〇四―二一七頁、二〇〇八年
（9）T Kuwabara, H Sudo, C Hatanaka, M Nishijima, K Morita, C Hasegawa, Y Oyama: A Study on the New Paradigm in Collaborations Between Teachers and School Counselors. *Psychologia* 51: 267-279, 2008.
（10）畑中千紘、桑原知子、須藤春佳、西嶋雅樹、森田健一、井上明美、長谷川千紘、宮嶋由布「学校現場における教師と心理臨床家の『視点』に関する研究Ⅳ―スイスとの国際比較を通して」日本心理臨床学会第二七回大会、二〇〇八年
（11）森田健一、西嶋雅樹、井上明美、宮嶋由布、友尻奈緒美、中藤信哉、永山智之、菱田一仁、磯村知徳、岩城晶子、加藤のぞみ、田中崇恵、桑原知子「『学校』における心理臨床的機能についての研究―特色のある学校の取り組みと学校臨床実践を通して」日本心理臨床学会第二八回大会、二〇〇九年
（12）宮島由布、永山智之、加藤のぞみ、田中崇恵、菱田一仁、桑原知子「特色ある学校の取り組みを通してみた学校の力とスクールカウンセラーの役割」『京都大学大学院教育学研究科附属臨床教育実践研究センター紀要』一六号、四三―五五頁、二〇一二年

（13）時岡良太、岩城晶子、神代末人、佐藤映、児玉夏枝、鈴木瑠璃、竹中悠香、田附紘平、松波美里、岩井有香、鈴木優佳、桑原知子「高校生のLINEをめぐる意識と友人関係との関連」日本心理臨床学会第三三回大会、二〇一四年

（14）時岡良太、友尻奈緒美、菱田一仁、加藤のぞみ、岩城晶子、永山智之、中藤信哉、桑原知子「『広汎性発達障害』診断の有無が教員の事例の捉え方に与える影響」『京都大学大学院教育学研究科附属臨床教育実践研究センター紀要』一八号、九〇―一〇三頁、二〇一五年

あとがき

もう一〇年以上前、河合隼雄先生がまだご存命のときに、先生からある相談を受けた。「学校の先生を元気にしてあげたいんやけど、どうするのがええやろなぁ」と。それまでにも学校の先生のためのカウンセリングルームのようなものは存在したが、そうした相談枠はすぐにいっぱいになってしまい、また日々お忙しい先生方は、なかなかそういうところに相談に行けずにいた。

そこで、カウンセリングルームに来てもらうという、それまでのやり方ではなく、こちらから私が「訪問研修」というかたちで学校まで出向いていって、先生方が困っておられることを聴きながら、一緒に考えるという研修方式を始めることにした。先生方はお時間がないので、事例についての詳しいレジュメを用意してもらうなどということはせず、困っていることをそのまま口頭で報告していただく。また、報告する先生だけでなく、その学校の先生方すべてがその場にいて、ともに考える時間となった。

この「訪問研修」は今も続いている。先生方をどれほど「元気」にさせてあげているかどうかはわからないが、多くの学校現場で先生方と出会うことができたように思う。

本書はそうした「現場」とのかかわりのなかから生まれた。前回と同様、「教師の立場でやれる」カウンセリング・アプローチとはどのようなものなのか、それについての私の考えたことをできる限り伝えたいと思ったのである。

まだまだ先生方のしんどさをわかってなどいないのかもしれない。ほんとうは、もっと「こうすればよい」というやり方があるのかもしれない。そうした「課題」については、これからも現場を訪れながら、先生方とともに考え続けていきたいと考えている。

本書の最初の企画は五年前にたてられた。それ以来遅々としてすすまない私を辛抱強く待ってくださり、本の成立までこぎつけてくださった日本評論社の小川敏明さんにこころからお礼を申し上げたいと思う。

二〇一五年一二月

桑原知子

●著者略歴——

桑原知子（くわばら・ともこ）

京都大学大学院教育学研究科教授。1984年京都大学大学院教育学研究科博士課程修了。姫路獨協大学助教授等を経て、現職。教育学博士。臨床心理士。著書に『もう一人の私』（創元社）、『教室で生かすカウンセリング・マインド』『カウンセリングで何がおこっているのか』（共に日本評論社）他。

教室《きょうしつ》で生《い》かすカウンセリング・アプローチ

2016年2月25日　第1版第1刷発行

著　者　桑原知子
発行者　串崎　浩
発行所　株式会社日本評論社
〒170-8474　東京都豊島区南大塚3-12-4
電話 03-3987-8621［販売］-8598［編集］
振替 00100-3-16
印刷所　港北出版印刷株式会社
製本所　株式会社難波製本
装　幀　銀山宏子
挿　画　おがわあきこ

ISBN 978-4-535-56333-9